Maria da Piedade Resende da Costa

# ALFABETIZAÇÃO PARA O ALUNO COM DEFICIÊNCIA INTELECTUAL

4ª Edição

EDICON

CIP-BRASIL. CATALOGAÇÃO-NA-FONTE
SINDICATO NACIONAL DOS EDITORES DE LIVROS, RJ

C874a

Costa, Maria da Piedade Resende da

Alfabetização para o aluno com deficiência intelectual / Maria da Piedade Resende da Costa. - São Paulo : Edicon, 2017, 4 Ed.

184p. : 14 x 21 cm

Inclui bibliografia

Índice

ISBN 978-85-290-0814-1

1. Incapacidade intelectual. 2. Deficientes - Educação. 3. Alfabetização. 4. Diferenças individuais. 5. Educação inclusiva. I. título.

11-1660.          CDD: 371.9

CDU: 376

CAPA: Soraia Ljubtschenko Motta

CONTATO COM A AUTORA: piedade@ufscar.br

**EDICON**
Editora e Consultoria Ltda EPP
(11) 3255 1002 • 3255 9822
Rua Gama Cerqueira, 87 Cambuci
CEP 01539-010 São Paulo/SP
www.edicon.com.br

AGRADECIMENTOS

À professora Dra. Lúcia Eneida Seixas Prado de Almeida Ferraz pelo apoio, orientação e confiança demonstrada em nosso trabalho; aos professores Dra. Carolina Martuscelli Bori (in memoriam) e Dr. Isaias Pessotti pelas valiosas sugestões que nos foram dadas; e aos alunos que participaram da pesquisa, pela colaboração imprescindível.

# SUMÁRIO

Apresentação ............................................................. 9

Uma paixão em tom exato: um prefácio do aprendente para a obra-ensinante alfabetização para deficientes intelectuais de Maria da Piedade Resende da Costa ......... 11

1. A deficiência intelectual e suas implicações para o ensino da linguagem escrita ............................... 21

2. O ensino da linguagem escrita para o aluno deficiente intelectual ................................ 27

3. A fundamentação para atender a proposta da estimulação polissensorial do programa ................... 35

4. O programa de ensino ...................................... 45

5. O material ........................................................ 81

6. O procedimento para a aplicação do programa ........... 83

7. Sugestões de materiais e atividades ..................... 143

8. Referências bibliográficas ................................. 159

Apêndices ........................................................... 165

# APRESENTAÇÃO

A presente obra, totalmente reformulada, resultou da continuidade de nossa investigação sobre o ensino da linguagem escrita para o aluno com deficiência intelectual.

Inicialmente, apresentamos considerações sobre a deficiência intelectual e suas implicações para o ensino da linguagem escrita.

A partir daí, passamos à fundamentação de um programa para ensinar a leitura/escrita para o aluno com deficiência intelectual com ênfase na estimulação polissensorial.

A seguir apresentamos o programa propriamente dito e o material necessário para sua aplicação.

Finalmente, expomos o procedimento para a aplicação do programa.

O propósito da exposição deste programa para ensinar leitura/escrita para alunos com deficiência intelectual é oferecer ao professor principalmente da Educação Especial uma opção de procedimento de ensino no âmbito dos métodos específicos. Defendemos o princípio de que não existem técnicas "miraculosas"; para nós quaisquer técnicas aplicadas, com segurança, pelo professor produzirá resultados favoráveis em relação ao aluno com deficiência intelectual.

Acreditamos, enfim, que a aprendizagem da leitura/escrita pelo aluno com deficiência intelectual não é um fim em si mesmo, mas um meio de possibilitar aquisições mais amplas, contribuindo ao mesmo tempo para que melhore o que se chama a sua "auto-estima"

# UMA PAIXÃO EM TOM EXATO[1]:
# UM PREFÁCIO DO APRENDENTE
# PARA A OBRA-ENSINANTE
## ALFABETIZAÇÃO PARA DEFICIENTES INTELECTUAIS DE MARIA DA PIEDADE RESENDE DA COSTA

*- A conta, por favor!* [2]

Hiran Pinel [3]

Recebi e-mail da professora doutora Maria da Piedade Resende da Costa sobre o seu livro "*Alfabetização Para Deficientes Intelectuais*" em um convite para eu fazer prefácio nessa obra que tanto estimo e ainda utilizo com muito sucesso nas minhas intervenções.

Ela me alerta que apenas mudaria, no título, o termo "*Deficientes Mentais*" por "*Deficientes Intelectuais*", desve-

---

[1] Gosto de dar títulos e subtítulos aos prefácios e não sou o único, sendo facilmente encontrado em livros. Um prefácio apresenta um livro, por exemplo, e o faz em um sentido outro e diferenciado, convidando ao leitor adentrar à obra, como uma espécie de viagem, um tipo de "*road movie*" (filme de estrada).

[2] Frase final do filme "*E Sua Mãe também*" (MÉX; 2001; título original: "*Y tu mamá también*"; direção de Alfonso Cuarón). Interpreto essa frase no filme e aqui como epígrafe desse prefácio como: "*nós, os aprendentes, temos uma prazerosa dívida simbólica com os professores e Grandes Mestras como Maria da Piedade*". Poderia me dizer Leandro de Lajonquière no seu livro "*Infância e Ilusão (Psico)Pedagógica; Escritos de Psicanálise e Educação*" (Vozes): "*- Você contraiu uma dívida que está na ordem do impagável*", Meu papel agora é passar o texto da autora à frente para os outros discentes (agora eu sendo professor; lugar de minha intencionalidade), e devendo eu ser de cuidado, fazendo-o do melhor modo possível, na "*melhor didática*". De tanto insistir, alguém aprenderá – afinal eu aprendi. Persistência e perseverança são dois valores da "*clínica psicopedagógica*" fenomenológica existencialista do educador especial e inclusivo.

[3] Hiran Pinel – autor; professor pesquisador doutor da UFES/CE/PPGE/DTEPE - Departamento de Teorias do Ensino e Práticas Educacionais; Coordenador do Grupo de Pesquisa: "*Diversidade e Práticas Educacionais Inclusivas*"; E-mail: hiranpinel@ig.com.br

lando-se sintonizada com o desenvolvimento de criação de novas palavras que possam melhor definir e conceituar do que se "*oraliza*", o que se pretende "*dizer de fato sentido*". Trata-se de um rigor presente na obra dela, e por extensão nas obras dos pesquisadores rigorosos, antenados com o mundo e no mundo, junto ao outro.

Nessa ferramenta da internet (e-mail), ela me reportou a uma vivência provocativa (e não-planejada) de quando eu a encontrei na mesma sala de apresentação oral de pesquisas (onde iria coordenar) e estava acompanhada de orientandas. Estávamos no segundo piso do prédio onde funciona o curso de graduação em Pedagogia denominado IC-IV, da Universidade Federal do Espírito Santo – UFES. No campus Goiabeiras, Vitória, ES.

Não a conhecia e quando soube "*quem era*", como "*bom*" psicólogo, psicopedagogo, pedagogo, pedagogo social, pesquisador de tendência (não-fechada) fenomenológica existencial que sou (sendo) junto ao outro no mundo, emocionei-me. Um encantamento meu, que junto com o rigor e tranqüilidade dela, deu o tracejado do tom exato e necessário da minha paixão e respeito pelos colegas que produzem com qualidade e que me marcam como profissional e ou como pessoa.

Mas eu não sabia que "*ela era ela*" – peço favor que recorde disso prezado leitor.

Minha primeira impressão foi de profunda empatia por aquela professora e pesquisadora viva, de olhos arredondados e que na minha percepção eram amêndoas

– de uma cor vivaz, que iluminava tudo que eu (pró)curava[4] e não sabia. Era um corpo que me dizia então *"tenho vida, no meu corpo corre vida"* [5]. Uma coisa viva então; um fenômeno advindo de um bom encontro pedagógico, psicológico, psicopedagógico – um encontro *"humanamente humano"*.

Logo no desenrolar das relações (des)cobri [6] que eu estava à frente da autora de dois livros (que hoje denomino de ferramentas e ou dispositivos) que eu utilizava (e utilizo) no meu cotidiano profissional, e que de tão bons que eram (e são), de vezes em quando eu me dizia (não me digo mais) "é preciso agradecer a professor *Maria da Piedade*".

Meu objetivo aqui-agora nesse prefácio, no qual tenho honra de *"preambular"* [7], é o de sucintamente descrever, de modo fenomenológico-existencial, uma longa (e atual)

---

[4] (Pró) = a favor; Cura = Cuidado (de uma clínica que cuida). Gosto de brincar com as palavras, recriá-las, reinventá-las. Com cuidado eu procuro produzir na minha existência (no mundo) dos bons encontros com os outros.

[5] No filme *"Gata em Teto de Zinco Quente"* (EUA; 1958; título original: *"Cat on a Hot Tin Roof"*; direção de Richard Brooks) o sogro (ator: Burl Ives; personagem Harvey ou Big Daddy) diz mais ou menos assim na frente de sua belíssima nora Maggie (atriz: Elizabeth Taylor): *"Senhores e senhoras, prestem atenção! Nesse corpo corre vida, por isso não coloquem em dúvida as afirmativas dela. Nunca façam isso!"*. Quis dizer que diante da professora Maria da Piedade Resende da Costa eu senti a vida nela (na sua pessoa) e que eu não deveria duvidar de nada, pois afinal, gradualmente fui (des)velando o quanto aprendi através de seu livro; e eu correlaciono aprender (indissociado do ensinar) com viver, com o *"ser-no-mundo"*.

[6] Quando mais eu descubro mais falta descobrir – é o sentido do meu lúdico com essa palavra. Ler o livro da professora Maria da Piedade traz esse sentido de atualização constante de sua obra. Nunca o descobre na sua totalidade, sempre algo falta e por isso que nos sentimos co-autores da sua obra, sendo autorizados a recriar.

[7] Tornei lúdica essa palavra para não repetir prefaciar e desejando repetir – como uma pulsão de escrevente. Vem de *"preâmbulo"* e aqui colocado no sentido de *"prefácio criado a partir de uma invenção discursiva"*

experiência psicopedagógica do uso de seus dois livros, *"Alfabetização Para Deficientes Intelectuais"* e *"Matemática Para Deficientes Intelectuais"* [8], em consultório particular e depois no Núcleo de Ensino, Pesquisa e Extensão em Educação Especial do Centro de Educação – NEESP/CE/UFES.

No CE/UFES e no Programa de Pós-Graduação em Educação – PPGE - atuo como professor (assistente II), pesquisador e autor de projetos de extensão, sempre ligado às temáticas como Educação Especial, Educação Inclusiva, Psicopedagogia e Pedagogia Social. Oriento em nossos cursos de mestrado e doutorado em Educação, e confesso que meu envolvimento existencial é profundamente vivido e quando falo dele, expresso a minha carnalidade (razão sentida e de sentido).

Aqui-agora, estou a imaginar e viver, que então estou fazendo um necessário distanciamento reflexivo daquela experiência de sentido indissociada daquele envolvimento.

Desde quando optei em me tornar um profissional da educação, pedagogia e da psicologia ligado ao pensamento fenomenológico existencial, sempre me coloquei aberto às produções técnicas de intervenção. Não tenho preconceitos a teorias e de suas descrições – ao contrário – meu negócio é a atração que tenho pelos textos rigorosos e cheios de *"sabor"*, tudo há um só tempo, tempo

---

[8] Nesse prefácio me dedico ao livro *"Alfabetização Para Deficientes Intelectuais"*, mas não pude deixar de destacar os mesmos efeitos que me provocou a outra obra da autora chamada *"Matemática Para Deficientes Intelectuais"*, para mim vista e sentida como indissociada a outra.

sol-chuva (arco-íris [9]). E vou falar especialmente aqui do livro "*Alfabetização Para Deficientes Intelectuais*" que foi assim por mim capturado; um livro que li e que não passou cortando a minha pele (e alma), mas penetrou nessas duas instancias (para mim interligadas) marcando-me e me tornando um profissional melhor, com intervenção e interferência de sentido, efetivo, que provoca mudanças concretas e vividas.

Numa antiga instituição fechada e prestes a ser extinta estava eu sendo psicólogo. Paralelamente fazia meu mestrado (no CE/PPGE/UFES) e também um curso de especialização (no CE/UFES) denominado "*Educação Especial: Uma Abordagem Psicopedagógica Aos Problemas de Aprendizagem*".

Havia um jovem que atendia, que chamei em um artigo científico, O'Damião P, que tinha sido detido pela justiça por ter assassinado a sua mãe. Um caso clínico complexo advindo da história de vida pessoal, escolar, social, saúde advindo de uma pessoa (adolescente de 15 anos de idade) sensível que se desvela por um lado uma existência malograda, um existir nesse mundo competitivo, neoliberal, por outro, foi capaz de mostra-se capaz de aprender a ler e a escrever através do uso adequado (e com total apoio do antigo IESBEM [10], uma instituição

---

[9] Gosto do símbolo arco-íris e dos múltiplos sentidos que ele me provoca. O hibridismo indica que estamos em uma seara onde a verdade nem sempre é definitiva, mas que é indispensável lê-la, pensá-la e repeti-la (e agi-la); é no hibridismo sentido que nos provoca abrirmos a mais possibilidades discursivas e não ficarmos encantados com os velhos hábitos, discos antigos, músicas insistentes, roupas surradas etc.

[10] Instituto Espírito-Santense do Bem Estar do Menor.

total [11], hoje extinto) das recomendações do livro da professora Maria Piedade.

Tive acesso ao livro pelas *"sábias mãos"* de minha orientadora da época nesse curso de especialização – a professora e mestre Maria Therezinha de Carvalho Machado.

E O'Damião P se transformou em tema da minha monografia de conclusão, onde assumi meu atuar pedagógico (e pedagógico social), psicológico e psicopedagógico de modo *"humanista-existencial"*. Na época utilizei-me de idéias de Gerald Corey [12] acerca do que seja essa associação entre fenomenologia, humanismo e existencialismo; bem como recorri ao conceito de empatia atitudinal de Carl Ransom Rogers e de empatia aprendida de Robert Carkhuff e na mediação disso, a ferramenta provocadora *"Alfabetização Para Deficientes Intelectuais"* [13] da professora Maria da Piedade.

Mas essa ferramenta, descrita assim, é propriamente um dispositivo ligado a um marco teórico que valoriza

---

[11] O termo *"instituição total (IT)"* aqui é colocado no sentido dado por Erving Goffman no livro *"Manicômios, prisões e conventos"*, onde os sujeitos são submetidos: são isolados da sociedade total, tendo todas as suas atividades concentradas (e supervisionadas constantemente) e normalizadas. Uma *"IT"* embota a criatividade, danifica a consciência crítica - dentre outros – causando a institucionalização.

[12] Corey (1986) destaca que a Psicologia Fenomenológica Existencial não desenvolve técnicas (ferramentas) e que por isso é comum nas práticas dessa Psicologia o profissional recorrer às técnicas de outras abordagens (in: *"Técnicas de Aconselhamento e Psicoterapia"*; editora: Campus).

[13] Na época o livro tinha como título *"Alfabetização de Deficientes Mentais"*. Os cientistas perceberam ao longo de sérias investigações que o termo DM se tornou uma palavra inadequada ao que desejava descrever de fato. Ao mesmo tempo, essa expressão oral e escrita se tornou na nossa sociedade e história impregnada de preconceitos, indicando mais impossibilidades do que possibilidade de educação e psicopedagogia.

o aprender (e seu indissociado ensinar) e o cuidado (que aproximo contemporaneamente ao sentido de *Sorge* [14], descrito por Vera Regina Waldow e Leonardo Boff, por exemplo, a partir de Martin Heidegger) que demanda aos discentes com necessidades educacionais especiais. A autora cria (a partir de seus pensadores preferidos na seara da estimulação polissensorial e do comportamentalismo) esse dispositivo para os corretamente diagnosticados de Deficientes Intelectuais e que eu ainda o aplico para todo (e toda) educando(a) que apresenta dificuldades no processo de alfabetização, de ler, escrever, calcular, desenhar.

É um dispositivo que de tão bem trabalhado (pesquisado) pela professora Maria da Piedade, testado (validado) e de profundo interesse pelo outro denominado com problemas e ou limites para aprender tal qual determina sua cultura, que o compreendo de *Sorge*, isto é, que traz a escrita rigorosa (por isso científica), clara e inequívoca da professora.

A obra aqui-agora descrita, na minha experiência, traz os conceitos indispensáveis na área, assim como sugestões exeqüíveis de procedimentos que são fáceis de serem aplicados, causando um sabor de realização muito grande ao professore e ou pedagogo ou psicopedagogo.

Também a obra pontua a vitalidade da linguagem do aluno descrito (dentro da cultura) como tendo algum Déficit Intelectual ou algum problema que carece cuidados

---

[14] Compreendo *Sorge* como *Cura*, mas não uma cura arrogante (curei e pronto...), mas uma cura de cuidado. Curar não; cuidar sim, pois se o faz no processo relacional; no experienciado. O cuidado (Cura) é uma das características ontológicas do "*ser-aí*" ressaltada pela Ontologia de Martin Heidegger (1889-1976).

da mestra e ou do mestre junto a ele, tornando o ensino de sucesso efetivo por uma ação pedagógica de interesse pelo desenvolvimento e aprendizagem do outro que demanda: *"Cuide bem de mim, pelos procedimentos mais provocativos e ao mesmo tempo me ajude organizar-me nesse mundo, como ele propõe".*

É didático o texto, e também por isso nos coloca no mundo dos alfabetizadores, descrevendo o programa, dando sugestões de materiais e atividades, e finalmente os referenciais que ela recorreu para criar/ inventar sua proposta de *"alfabetização para deficientes mentais".*

O leitor profissional da área (ou não) ao ler a obra sentirá isso: uma sensação que se efetiva na experiência de ser (sendo) leitor. Comum são meus alunos e alunas ao lerem o livro dizerem: *"Vou aplicar a proposta desse livro de tão evidente e clara a proposta e ao mesmo tempo complexamente provocadora de ação concreta, contribuindo para que a Educação Especial viabilize a Inclusão".*

Lendo esse livro, e sendo alfabetizadores, sentiremos ser puxados para agir na sala de aula e ou no atendimento individual. Esse texto traz as linhas do cuidado de um humano por outro, recorrendo às experiências científicas bem sucedidas na escolarização dos deficientes intelectuais. Cuidar como meta e com uma explicitação acessível a qualquer professor motivado a cuidar pelo ensino e aprendizagem na alfabetização junto aos alunos e alunas com problemas de aprendizagem na sala de aula, no que se refere a ler e a escrever, ler.

Obtive sucesso com o jovem O'Damião e fizemos *"follow-up"* [15] dele anualmente, durante cinco anos.

Essa experiência eu levei depois para o Ambulatório do Hospital Doutor Dório Silva – HDDS [16] - onde também atuava fazendo oferecendo serviços de Psicologia Clínica e de Psicopedagogia. Atuava não apenas no atendimento individual e de pequenos grupos, mas principalmente na formação de algumas professoras interessadas e que trabalham numa escola pública perto do Hospital, um trabalho psicopedagógico de tendência comunitária (e por isso, social).

Atualmente estou envolvido com estudos e pesquisas que procuram resgatar os sentidos provocativos da clínica (que denomino de *"klínica-ká"*) para a sala de aula inclusiva, para o professor colaborador (auxiliar para o sucesso da inclusão) e para a sala de Atendimento Educacional Especializado – AEE. Tenho nesse projeto de pesquisa *("projeto guarda-chuva"* [17]) algumas frentes e dentre elas a formação de educadoras especiais que trabalham com AEE tendo esse livro como dispositivo principal, por mim experimentado e valido no seu conteúdo.

---

[15] No sentido de *"seguir e acompanhar o desenvolvimento-aprendizagem do caso"* depois da intervenção, objetivando verificar se a ação pedagógica (e psicopedagógica) foi efetiva; se os comportamentos adequados ensinados (e aprendidos) foram inseridos e solidificados no repertório comportamental (e subjetivo) do sujeito aprendente: De fato a intervenção foi eficaz e é mostrada com sucesso no cotidiano fora do ambiente de ensino?

[16] Hospital público de grande porte situado na Grande Vitória, na cidade industrial da Serra, ES

[17] Tenho sempre um único projeto de pesquisa e dentro dele várias possibilidades através da descrição de subprojetos interligados ao *"grande projeto"* (dito como *"projeto único"*).

Nesse sentido específico e geral tenho utilizado com altíssima freqüência esse livro, que recomendo a todos (e todas) interessado(a)s pelo desenvolvimento e aprendizagem humanos, na escola (e fora dela) no que se refere ao processo bem sucedido de alfabetização.

Trata-se de um dispositivo que tenho vivido (e como escrevi na monografia citada): Um dispositivo provocador que traz um prazer subjetivo ao educando, tornando-o orgulhoso e entendendo finalmente o que pode ser um dos muitos sentidos de ser (sendo) alfabetizado junto ao outro no mundo.

# 1
# A DEFICIÊNCIA INTELECTUAL E SUAS IMPLICAÇÕES PARA A AQUISIÇÃO DA LINGUAGEM ESCRITA

A busca de uma definição para a deficiência intelectual tem sido objeto de investigação entre os estudiosos que se preocupam com o tema. Entretanto, por ser uma área de interesse de vários profissionais parece ser uma tarefa complexa. Entre os estudiosos que procuraram definir a deficiência intelectual encontram-se Kirk, Karnes e Kirk (1961), Robinson e Robinson (1965), Dunn (1971), Zazzo (1973), Cruickshank e Johnson (1974), Telford e Sawrey (1978), Kirk e Gallagher (1996), entre outros.

Para Kirk e Gallagher (1996, p.120) "a definição de deficiência mental é um bom exemplo de modificação". Eles colocam que:

> *"Em tentativas recentes de se definir deficiência mental a ênfase mudou significativamente de uma condição que existe somente no indivíduo para uma que representa uma interação do indivíduo com um ambiente em particular" (Kirk e Gallagher, 1996 p.120).*

A definição proposta pela Associação Americana de Retardo Mental (AAMR) tem esta preocupação quando coloca que o:

*"Retardo mental se refere a limitações substanciais no funcionamento atual do indivíduo. É caracterizado por um funcionamento intelectual significativamente abaixo da média, existindo concomitantemente com relativa limitação a duas ou mais áreas de conduta adaptativa indicadas a seguir: comunicação, cuidados pessoais, vida no lar, habilidades sociais, desempenho na comunidade, independência na locomoção, saúde e segurança, habilidades acadêmicas funcionais, lazer e trabalho. O retardo mental se manifesta antes dos 18 anos" (AAMR, 1992 p.25).*

É justamente esta definição da AAMR (1992) que serviu de base para a definição da Política Nacional de Educação Especial para a deficiência intelectual. No referido documento encontra-se a seguinte definição:

*"Esse tipo de deficiência caracteriza-se por registrar um funcionamento intelectual geral significativamente abaixo da média, oriundo do período de desenvolvimento, concomitante com limitações associadas a duas ou mais áreas da conduta adaptativa ou da capacidade do indivíduo em responder adequadamente às demandas da sociedade, nos seguintes aspectos: comunicação, cuidados pessoais, habilidades sociais, desempenho na família e comunidade, independência na locomoção, saúde e segurança, desempenho escolar, lazer e trabalho" (BRASIL, 1994 p.15.)*

Entretanto, a Associação Americana de Retardo Mental - American Association on Mental Retardation (AAMR) passou a partir de 2001 a chamar-se Associação Americana de Desenvolvimento Intelectual e Desabilidades - American Association On Intellectual And Developmental Disabilities (AAIDD). Consequentemente, a denominação de pessoas com deficiência mental passou a ter a denominação de pessoas com deficiência intelectual (ASSOCIAÇÃO AMERICANA DE DESENVOLVIMENTO INTELECTUAL E DESABILIDADES, 2008).

Pode-se observar nestas definições o quanto é difícil e complexo afirmar que um indivíduo é deficiente intelectual. Para tal afirmação deve-se levar em consideração o aspecto cognitivo e a conduta adaptativa. É o que está evidenciado no Quadro I.

*Quadro I. Quadro de dupla entrada envolvendo os testes de inteligência e de conduta adaptativa.*

| Testes de conduta adaptativa / Testes de Inteligência | Deficiente | Não deficiente |
|---|---|---|
| Deficiente | Deficiente | Não deficiente |
| Não deficiente | Não deficiente | Não deficiente |

O indivíduo ao ser submetido aos testes, só poderá ser considerado deficiente intelectual se, tanto nos testes de inteligência como nos de conduta adaptativa, os resultados evidenciarem 'deficiente'. Caso, em ambos testes (de inteligência e de conduta adaptativa), os resultados evidenciarem 'deficiente' e 'não deficiente', o indivíduo será considerado 'não deficiente'. Portanto, é muito complexo e prematuro emitir um parecer sobre as condições intelectuais de um aluno sem esgotar todas as possibilidades de avaliações (educacionais, psicológicas, de condutas adaptativas, entre outras) e intervenção.

Os indivíduos deficientes intelectuais são classificados conforme os aspectos relevantes relacionados à intervenção profissional (psicológica, educacional, social). No âmbito educacional são classificados como: 'educável', 'treinável' e 'grave ou profundo'.

Como a presente obra está voltada especificamente para o ensino da linguagem escrita para o deficiente intelectual 'treinável' (classificação educacional), a seguir serão colocadas algumas considerações sobre esta população.

Conforme Kirk e Gallagher (1996 p.124) define-se a criança deficiente intelectual treinável como:

*"aquela que tem dificuldades em: (1) aprender as habilidades acadêmicas a qualquer nível funcional, (2) desenvolver independência total a nível adulto e (3) alcançar adequação vocacional suficiente para, a nível adulto, sustentar-se sem supervisão ou ajuda".*

Os citados autores colocam, ainda, que:

*"Na maioria dos casos, estas crianças são identificadas como deficientes durante seus primeiros anos de vida. A deficiência é geralmente notada devido a estigmas, desvios físicos ou clínicos da criança ou por demorar em aprender a falar e a andar (Kirk e Gallagher, 1996 p.124).*

Quanto às expectativas educacionais o deficiente intelectual 'treinável' apresentará grandes dificuldades nas aquisições acadêmicas. Por este motivo há a necessidade de tratamento mais específico nos programas escolares. Também, deve-se dar ênfase nos cuidados pessoais e nas habilidades sociais para que o deficiente intelectual 'treinável' possa, quando adulto, exercer funções sem supervisão.

Particularmente, a presente obra se destina ao ensino da linguagem escrita para o deficiente intelectual 'treinável' através do procedimento denominado Programação de Ensino. Resultou da investigação científica realizada especificamente com esta população porque a autora acredita que ao ensinar a linguagem escrita está propiciando o desenvolvimento da competência linguística do aluno com deficiência intelectual 'treinável' e, consequentemente o desenvolvimento do seu potencial cognitivo.

# 2
# O ENSINO DA LINGUAGEM ESCRITA PARA O ALUNO COM DEFICIÊNCIA INTELECTUAL

O ensino da linguagem escrita para o aluno com deficiência intelectual 'treinável' não é um fim em si mesmo, mas um meio de possibilitar modificações mais amplas no seu repertório comportamental, contribuindo ao mesmo tempo para que melhore o que se chama a sua "auto--estima" e para que o mesmo também possa ter acesso ao conhecimento.

O homem usa fundamentalmente a linguagem oral e esta é um sistema organizado de símbolos linguísticos usados pelo ser humano para se comunicar em um nível abstrato.

Entretanto, além da linguagem do homem, pode-se considerar, ainda, que existem as linguagns da natureza e a dos animais. Poder-se-ia, portanto, sob este enfoque, estabelecer uma hierarquia em relação à existência das linguagens, a saber: 1) da natureza; 2) dos animais; e, 3) dos homens (MOL,1971).

A natureza, em sua linguagem, não tem a intenção de se comunicar. Entretanto, há uma necessidade ou preocupação do homem em entendê-la, decodificá-la: as flores indicam a chegada da primavera; a nuvem escura em um céu azul significa que vai chover.

Quanto à linguagem dos animais, observa-se que, apesar de não haver uma intenção precisa em que se comunicar, estes conseguem transmitir algo: o cão ao balançar a cauda parece demonstrar que está gostando do que acontece no ambiente.

Na linguagem dos homens, como mencionado anteriormente, há o propósito, a intenção consciente de transmitir e ser compreendido

Uma das formas de linguagem no homem é a "fala". É tão marcante que, comumente, a "fala" é usada como sinônimo de linguagem.

A linguagem oral não é inata no homem. Conforme os estudiosos sobre o tema, entre elos Mol (1971) e Menyuk (1975), a linguagem oral é aprendida como resultante da educação dada desde o nascimento. Consequentemente, sendo uma capacidade adquirida e um meio de comunicação do homem ressalta-se, aqui, a importância do meio ambiente.

A linguagem no homem foi desenvolvida desde o homem primitivo. Inicialmente, o homem se comunicou através da linguagem dos gestos, da mímica e a seguir dos sons articulados. À medida que este homem foi evoluindo surgiu a 'fala' com a utilização e consequente aperfeiçoamento dos órgãos fonadores e refinamento do aparelho auditivo para que o mesmo pudesse distinguir os complexos sons da 'fala'.

A partir deste momento, os sons da fala passaram a fazer parte do padrão evolutivo do homem, ou seja, há a fase em que estes sons aparecem naturalmente, não havendo dúvida alguma de que alguns meses após o nascimento o bebê começa a emitir esses sons elementares. A polêmica reside na origem da variedade e quantidade de sons que o bebê produz. Consequentemente surgiram teorias para explicar esta origem. Segundo uma teoria, o bebê, ao balbuciar, "está explorando todas as possibilidades da produção vocal; todos os sons possíveis de todas as línguas são produzidos durante este período" (MENYUK, 1975, p.79).

Outra posição teórica, conforme Menyuk (1975), Mussen, Conger e Kagan (1977) e Carroll (1977), é a de que os sons originalmente produzidos pelo bebê já são moldados pelo contexto linguístico particular em que vive. O processo é o de modelagem gradual de reforçar os sons da fala vigentes na língua predominante no meio em que a criança está inserida.

Observando que os bebês emitem os sons em uma sequência, Mussen, Conger e Kagan (1977) colocam que independentemente do idioma ao qual estão expostos, seus primeiros sons significativos são consoantes produzidos com o fechamento da boca pelos lábios, provavelmente imitando o movimento de sucção (tais como /p/,/m/ e /b/).

Assim, o desenvolvimento dos sons da fala para a comunicação através da linguagem oral envolve o aprendizado de sua discriminação por imitação e por eliminação dos sons não pertencentes ao idioma materno.

Entretanto, para que isto ocorra depende da integridade do aparelho auditivo, dos órgãos fonadores, do sistema nervoso central, entre outros.

Até o presente momento a autora tratou sobre linguagem oral e fala. Entretanto, tendo por objetivo no presente trabalho, conforme mencionado inicialmente, tratar sobre a importância do ensino da linguagem escrita para o aluno com deficiência intelectual, se faz necessário registrar as opções de linguagem que podem ser utilizadas pelo homem para se comunicar. Essas estão indicadas no Quadro 2.

*Quadro 2. Síntese das opções de linguagem utilizadas pelo homem para se comunicar.*

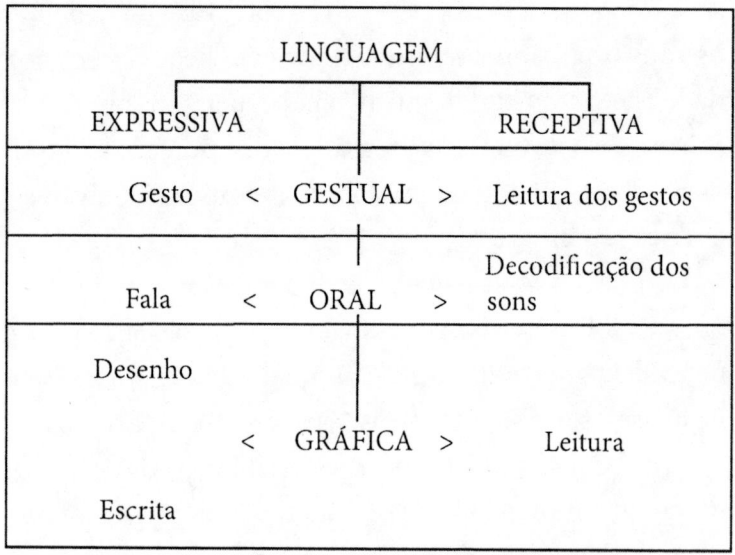

A seguir serão realizadas algumas considerações sobre estas opções de linguagem que o homem usa para se comunicar.

A linguagem gestual, no homem, é uma consequência natural do desenvolvimento da expressão.

Nos gestos, podem-se distinguir duas formas: a) o que serve para expressar idéias, palavras e, b) aquele que equivale a signos gráficos. Os gestos que servem para expressar idéias podem ser agrupados em: a) demonstrativos; b) representativos ou imitativos; e, c) simbólicos. Os gestos demonstrativos são aqueles que a criança utiliza para apontar ou indicar um objeto em vez de nomeá-lo (COSTA, 1992 e 1994a). Os gestos representativos ou imitativos são aqueles que as crianças imitam com movimentos simples, ações corriqueiras como beber, escrever. Estes gestos podem ter dois aspectos: a) representação no espaço do contorno do objeto que serve para expressar ou b) a forma plástica manual do volume do objeto (COSTA, 1992 e 1994a).

Quanto aos gestos simbólicos, estes são utilizados para transpor idéias por associação como o acenar das mãos para dizer adeus.

Ainda, na linguagem gestual há a representação ou correspondência dos signos gráficos pelas combinações das posições dos dedos: é o alfabeto manual ou dactilológico. Consiste na substituição das letras e numerais expressos por gestos ou posições padronizadas dos dedos de uma ou das duas mãos (COSTA, 1992, 1994a e 1994b).

A linguagem gestual natural usada pelo indivíduo com deficiência auditiva para se comunicar foi objeto de estudos e passou a ser categorizada, organizada, sistematizada. (FURTH, 1966 e 1971; FANT, 1977 e DEUCHAR, 1984). Esta sistematização foi denominada de língua dos sinais. Cada país tem uma denominação da língua dos sinais utilizada por seus surdos (FURTH, 1966; FINE, 1977 e DEUCHAR, 1984).

A linguagem oral, no homem, envolve o sistema nervoso, o cérebro, os órgãos fonadores e da audição, a inteligência, o psíquico. De acordo com Mysak (1984), pelo menos seis sistemas da fala são identificáveis no organismo: receptor, transmissor, integrador de ordem superior, integrador de ordem inferior, efector e sensor. Por sua vez, cada um desses sistemas é inter-relacionado e, ao mesmo tempo, interdependente possuindo seus próprios subsistemas complexos. Em conjunto, são responsáveis, no homem, pelas funções de recepção, percepção, compreensão, formulação, produção, controle e monitoração da fala (MYSAK, 1984; COSTA, 1992, 1994a, 1994b).

A evolução do conhecimento humano se apóia na comunicação e, por sua vez, esta possibilita o desenvolvimento do homem em suas múltiplas facetas.

A comunicação permite que o homem entre em contato com seus pares e se projete. Ao receber a bagagem cultural através da comunicação esta o influencia na transformação e o torna apto a transmitir novos conhecimentos.

Particularmente, a comunicação através da linguagem gráfica compreende o desenho e a escrita.

O grafismo foi estudado e os autores constataram que as garatujas iniciais da criança ainda não possuem discernimentos (HILGARD, 1973 e Le BOULCH, 1982).

Dos rabiscos intermináveis a criança passa para movimentos que produzem traços arredondados. Surgem espirais e caracóis. A criança parece ensaiar e por fim surge o círculo fechado.

As formas circulares se desenvolvem, associam-se entre si e a outros elementos gráficos. Surgem as 'mandalas'. Depois surgem os sóis. E, posteriormente, desenhos que já representam configurações com possíveis identificações nas suas representações. Evolutivamente, a seguir, a criança deverá aprender a linguagem gráfica escrita. Esta é aprendida em local específico (a escola) porque não consta do padrão evolutivo do homem como a fala.

A escrita, portanto, constitui-se, para o homem, em um repertório de respostas aprendidas e depende de fatores maturacionais e de aprendizado. Entretanto, pode-se identificar dois aspectos fundamentais na escrita: a formal e a criativa (CONDEMARÍN e CHADWICK, 1987).

A escrita formal, conforme Condemarín e Chadwick (1987), seria constituída de representação gráfica da linguagem que utiliza símbolos convencionais, sistemáticos e identificáveis. Por outro lado, a escrita criativa utiliza-se deste aspecto automatizado para expressar conhecimento linguístico.

Particularmente, a comunicação gráfica envolvendo a escrita criativa propicia ao homem, ao dominá-la, acelerar a aquisição e transmissão de conhecimentos. Pode-se afirmar isto porque o nível do conhecimento de uma sociedade é medido pelo alto grau do nível de "alfabetização" dos seus componentes. Pode-se afirmar, ainda, que a escrita é a porta de acesso ao conhecimento.

É justamente aí que a linguagem escrita adquire sua superioridade em relação à oral (ISQUIERDO, 1996).

Conforme Isquierdo (1996, p.3) "as memórias mais ricas e complexas se aprendem basicamente pela leitura e releitura de palavras (a medicina, a engenharia, a filosofia) ou signos (a música, a matemática, a física) em textos e manuais... O aprendizado oral, nesses casos, é apenas complementário".

Este autor observa que "a diferença cognitiva entre a palavra oral e a palavra escrita se vê com clareza na matemática oral (que é paupérrima) e na escrita (que é provavelmente infinita) ou na poesia" (ISQUIERDO, 1996 p. 3).

Portanto, pode-se deduzir que, ao dominar a linguagem escrita criativa o homem tem acesso ao conhecimento e também à sua produção.

Na opinião da autora ao dominar a linguagem escrita criativa, obviamente de acordo com suas possibilidades o aluno com deficiência intelectual, além de ter acesso ao conhecimento também pode participar mais ativamente do meio em que vive. Isto produz consequências surpreendentes: o mesmo passa a se ver de outra forma, com melhora da sua auto-estima.

A partir desta crença realizou uma pesquisa científica sobre o ensino da leitura/escrita para o aluno com deficiência intelectual 'treinável' utilizando o procedimento denominado Programação de Ensino cuja fundamentação de sua sistematização será tratada a seguir.

# 3

# A FUNDAMENTAÇÃO PARA ATENDER A PROPOSTA DA ESTIMULAÇÃO POLISSENSORIAL DO PROGRAMA

Para a sistematização do Programa foram utilizados recursos e orientações especiais a fim de que a proposta de estimulação polissensorial fosse devidamente atendida. Em grande parte, a opção por esses recursos se apoiam nos estudiosos que se preocuparam com o ensino da leitura/escrita para alunos deficientes mentais.

De acordo com Séguin (1846), as letras são formadas pelas reuniões das linhas e, para Gesell (1940), a criança normalmente, em seus rabiscos espontâneos, desenha primeiro as linhas verticais e depois as horizontais. A posição defendida por Ajuriaguerra e Auzias (1973) é que, por exemplo, no caso das letras "a", "d", "g", "q", e "c", a grafia realizada no sentido anti-horário aproveita totalmente o traçado do quadrado do seguinte modo:

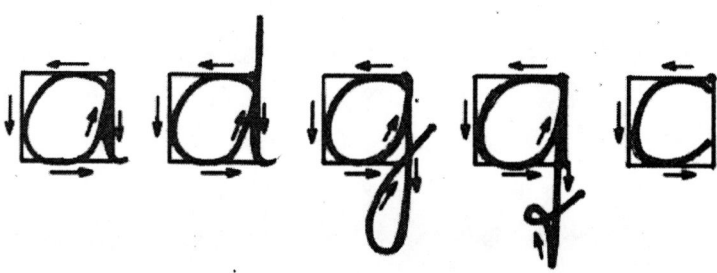

A sequência das linhas prescrita por Caraciki (1970), indicada no Apêndice I, foi adotada no Programa porque atende plenamente ao treinamento dos pré-requisitos (aspectos perceptuais) para a habilidade da escrita formal.

Para atender estes aspectos utilizou-se um caderno de desenho grande (tipo espiral) onde foram traçadas as dezoito posições de linhas retas e curvas e sobre estes traçados foram colados barbantes (cordão n°9) conforme indicação contida no Apêndice II.

Foram confeccionadas as letras do alfabeto português, recortadas em "espuma" (com espessura de 1 centímetro) de acordo com os desenhos contidos no Apêndice III.

Utilizou-se, também, outro caderno de desenho grande tipo espiral onde foram traçadas as letras do alfabeto português sob a forma manuscrita e sobre o traçado foi colocado o barbante (cordão n°9) indicado no Apêndice IV.

As letras foram traçadas em uma dimensão relativamente grande a fim de proporcionar um melhor treinamento no movimento (cinestésico) necessário para a execução da sua grafia; à medida que o aluno com deficiência intelectual vai adquirindo o movimento, o traçado da letra vai diminuindo, ou seja, aproxima-se do tamanho normal (AJURIAGUERRA e AUZIAS, 1973 e COSTA, 1984).

No que se refere ao material com que as letras foram confeccionadas, enquanto Montessori (1926) e Ofman e Shaevitz (1963) as confeccionaram em lixa, a fim de que o estímulo tátil-cinestésico fosse aumentando. Itard (1801), ao ensinar o 'Selvagem de Aveyron', confeccionou-as em metal apenas objetivando a discriminação tátil da forma de letra. A escolha da autora recaiu sobre a "espuma" e o barbante (cordão), porque o aluno, ao ser ensinado, deve passar a ponta do dedo indicador da mão preferida, várias vezes, através de brincadeiras, sobre o material. Ora, se o material escolhido fosse a lixa, o dedo utilizado no exercício poderia ficar arranhado e mesmo ferido: uma consequência evitada pelo uso da "espuma" e do barbante.

Outro fator importante é o atendimento entre a relação corpo da criança (mão-visão) e plano espacial (planos vertical, inclinado e horizontal) em que a escrita está sendo executada. Parece ser difícil, para o aluno "normal", a transposição espacial da escrita realizada na lousa (plano vertical) para o caderno (plano horizontal) e, consequentemente, para o aluno com deficiência intelectual esta transposição se torna ainda mais problemática.

Séguin (1846) em seu trabalho Traitement Moral, Hygiène et Éducation des Idiots e des Autres Enfants Arriérés, deu importância à utilização de diferentes planos porque, segundo ele, é um dos pré-requisitos para o ensino da leitura/escrita.

Para Cohen e Highstein, 1973 (em Quirós, 1980), os planos, de acordo com sua posição (vertical, inclinada e horizontal) tem importância na "direção visual".

Em seu método, Kephart (1968), também estabelece o trabalho com os três planos. Os exercícios do traçado das linhas são iniciados no plano vertical e, gradualmente, a superfície da mesa vai sendo inclinada até chegar ao plano horizontal.

Ajuriaguerra e Auzias (1973), apresentam ainda outras justificativas para a utilização dos diferentes planos. Assim, quanto ao trabalho executado na lousa (plano vertical), estes autores afirmam que é muito apreciado pelos alunos porque é uma ocasião em que podem representar o papel do professor, fato este já observado pela autora durante experiência anterior (COSTA, 1984). Aqueles autores ainda explicam que a posição do aluno para escrever na lousa permite "abandonar suas inibições e relaxar-se" e "por outra parte exige uma certa coordenação dos braços e das pernas porque a criança deve deslocar-se à medida que escreve, coordenação que vai melhorando aos poucos" (AJURIAGUERRA e AUZIAS, 1973 p.108).

Borel-Maisonny (1962) aconselha quanto às diretrizes sobre o trabalho do ensino da escrita formal, que deve ser começado na lousa (plano vertical) e não ser feito ao acaso. Posteriormente, aconselha: o trabalho deve ser executado no plano inclinado e finalmente no horizontal.

Caraciki (1970) em seu trabalho Distúrbios da Palavra: Disgrafia, também admite o trabalho do treinamento da escrita nos três planos (vertical, inclinado e horizontal).

No treinamento proposto no Programa são usados, também, os três planos (vertical, inclinado e horizontal). Cada posição de linha (reta e curva) e cada letra, de per si, é ensinada em cada plano. Para este ensinamento são utilizados os recursos (ponta do dedo deslocando-se sobre a extensão do cordão ou "espuma", giz, lápis grafite e giz de cera) que possibilitam o movimento gráfico ou grafia propriamente dita.

Em relação ao tratamento fonético (estímulo sonoro) o treino de cada letra é feito isoladamente. Isto quer dizer que após a escolha da letra que será ensinada e procura-se, simultaneamente ao treino da grafia, ensinar o som e os movimentos do aparelho fonador necessários para emitir o fonema correspondente. Logo em seguida, pode-se até dizer concomitantemente, a letra é ensinada, de preferência, no início da palavra.

Assim, o procedimento utilizado no Programa proposto difere do procedimento sugerido por Gillingham-Stillman, 1936 (em MYERS, 1976). Estes autores defendiam a introdução do ensino da letra através da palavra chave, ou seja, ensinavam primeiro uma palavra com a letra inicial que desejavam introduzir e, posteriormente, isolavam a referida letra. Por exemplo, se queriam ensinar a letra "p", inicialmente ensinavam a palavra "pato" e, posteriormente, isolavam o "p".

Fernald e Keller (1921), utilizou o processo analítico, isto é, partiu do estudo da palavra, fazendo com que o aluno olhasse (estimulação visual), traçasse com o seu dedo (estimulação tátil-cinestésica) e pronunciasse o som (estimulação auditiva) para depois separar (analisar) a palavra em partes, até chegar ao som da letra (fonema).

Ainda, quanto ao aspecto fonético (estímulo sonoro), Montessori (1926) e Hegge-Kirk-Kirk, 1936 (em Myers, 1976) também adotaram em seus métodos o procedimento de ensinar a letra através do fonema.

No Programa proposto o treino fonético (estimulação auditiva) é realizado concomitantemente com as estimulações:

tátil (ponta do dedo deslizando sobre a extensão da letra), cinestésica (movimento da mão para a grafia da letra e os movimentos do aparelho fonador) e visual (forma da letra).

No que se refere à apresentação das letras, a sequência para o ensino das vogais (grafemas), adotada no Programa proposto, é a seguinte: "a", "o", "u", "e" e "i".

Esta ordem foi seguida pelas razões já expostas anteriormente, ou seja, para a grafia das vogais "a" e "o" são exigidos apenas os movimentos em círculo, apoiado no desenho do quadrado, enquanto, para a execução gráfica das vogais "u", "e" e "i" há uma exigência de traços (movimentos) verticais.

A sequência adotada no Programa para o ensino das vogais, também facilitará o ensino das sílabas no que se refere à dissociação entre o som e a grafia. É o caso das sílabas "ca", "co", "cu", "que" e "qui"; "ça", "ço", "çu", "ce" e "ci"; "ga", "go", "gu", "gue" e "gui" sofrem alterações na grafia porém, foneticamente continuam inalteradas.

Partindo de um outro ponto de vista, para o ensino das vogais, Séguin (1846) preferiu se apoiar na lei dos contrastes, ensinando, por exemplo, o traçado da vogal "o" e depois o da vogal "i".

Quanto à apresentação das consoantes, foi adotada a sequência proposta por Nan (1957), que deu especial "atenção de não ensinar simultaneamente os sons homorgânicos ou homofônicos, porque oferecendo aos olhos uma idêntica imagem fazem nascer confusão" (p.4). Isto quer dizer que houve a preocupação de não colocar juntas no Programa, letras, como, por exemplo, "p" e "b". Para a emissão desses fonemas (/p/ e /b/) são utilizados os mesmos movimentos do aparelho fonador (homorgânicos) e ao ouvi-las, os sons são semelhantes (homofônicos), daí poder causar confusão na aprendizagem da leitura/escrita pelo aluno com deficiência intelectual. Consequentemente, houve o cuidado quanto à sequência das consoantes observando, por um lado, o aspecto fonético e, por outro lado, o aspecto gráfico já referido.

Ainda, sobre as letras devem ser ressaltados os aspectos manuscrita/de imprensa e maiúscula/minúscula. São utilizados todos os tipos de letras para o aluno realizar a leitura.

Quanto ao ensino da grafia das letras, optou-se pela forma manuscrita por ser esta mais aconselhada do que a forma de imprensa, pois esta última, segundo Gobineau (1954) "se bem que tenha a vantagem de dar mais legibilidade à escrita, impede a agilidade e o movimento, ou seja, a soltura da escrita" (em AJURIAGUERRA e AUZIAS, 1973, p.144). Por outro lado, de acordo com Borel-Maisonny (1962), a forma de imprensa não favorece a unidade da palavra, principalmente para alunos que têm dificuldades. E, ainda, como Bang, 1959 (em AJURIAGUERRA e AUZIAS, 1973) demonstrou experimentalmente, a escrita na letra de imprensa é mais lenta que a cursiva. Quanto a isto se pode afirmar que as letras manuscritas, excetuando "i", "j" e "t" são executadas com um só traço, ou seja, sem que a extremidade do dedo ou do lápis se eleve, favorecendo assim a rapidez do traçado e menor esforço muscular.

Sabe-se que o tema sobre alfabetização é amplo e polêmico pelos mais diversos motivos (conceituação, método, material instrucional, teoria, tipo de letra, etc). Entretanto, a autora explicita que as palavras utilizadas no apoio para a estruturação do Programa devem ser escolhidas por apresentarem requisitos adequados ao trabalho, tanto a nível fonético (estímulo auditivo) quanto a nível gráfico (estímulo visual) e também favorecerem a sequência para a confecção com o material específico (estímulo tátil-cinestésico).

Obviamente, cada palavra a ser ensinada no Programa, em sua maioria, deve ser buscada no contexto a fim de que o ensino se torne interessante para o aluno. Consequentemente deve ser considerada, para a escolha das palavras, a região à qual ao aluno pertence. Assim, exemplificando, a autora explica que quando a experiência for realizada na região nordeste, deve ser usada palavras como "tapioca", "caju", "cajá", "sapoti", peculiares daquela região. Entretanto, não deve ser usada, por exemplo, "caqui" porque não faz parte do vocabulário regional. À medida que o aluno lê/escreve a palavra, indaga-se para ele o significado como, por exemplo: "O que é caqui?". "O que é cajá?". Se o aluno desconhece não poderá responder mesmo com uma resposta funcional. Isto é importante no trabalho porque evita que o aluno faça uma leitura mecânica.

Por outro lado, também a autora defende que se deve ir aumentando o repertório do aluno quanto ao domínio do vocabulário, porém isto é realizado gradualmente. As palavras que não fazem parte do cotidiano do aluno devem ser usadas no Programa para nível de avaliação, isto é, quando se deseja saber se determinadas sílabas foram fixadas por ele (retenção). A partir daí, após a leitura/escrita da palavra desconhecida, passa-se a informar o significado.

Um aspecto que se deseja deixar evidente, ainda, quanto às palavras utilizadas no Programa: sua seleção é livre desde que respeite a sequência fonética e o ensino de, apenas, um elemento "novo" ou desconhecido (grafema-fonema) em cada momento. Assim, exemplificando, na 15ª etapa (Ensino da leitura/escrita) foram selecionadas as palavras "copo", "capa", "pacote" e "coco" porque nas etapas anteriores já haviam sido ensinadas todas as vogais e as consoantes /p/ e /t/. Consequentemente, o elemento "novo" ou desconhecido para o aluno seria o "c" = /k/.

Quanto ao ritmo, o aluno com deficiência intelectual 'treinável' é considerado como um aluno que, geralmente, não possui ritmo, tendo necessidade de um treinamento mais intenso sob este aspecto.

No seu estudo, Caraciki (1970) sugere o treinamento rítmico (binário, ternário e quaternário) para o treinamento das linhas retas e curvas (Apêndice I).

Adotou-se, também, no Programa o treinamento sugerido por Caraciki (1970). Observou-se com isto que, além do treinamento do ritmo, foi favorecido, também, o treino do "freio inibitório": habilidade de, por exemplo, parar ou frear o movimento da mão no ponto em que, exatamente, deveria parar ao concluir a grafia de uma letra ou traçado de uma linha (COSTALLAT, 1973). Isto ocorre porque, quando se coloca o dedo indicador da mão preferida pelo aluno sobre determinado ponto existente no barbante (cordão) colado sobre o traçado da linha, fala-se "Um" prolongando esta emissão enquanto a ponta do dedo desliza sobre o barbante e, ao terminar a extensão do barbante, fala-se "Dois". O aluno, então, deve frear imediatamente o movimento.

Foram treinadas ritmicamente as posições das linhas retas e curvas nos três planos (vertical, inclinado e horizontal). Por exemplo, no caso da linha vertical, o ritmo é binário ("Um"..."Dois"); no caso da cruz, o ritmo é quaternário ("Um"..."Dois"..."Três"..."Quatro"); para o círculo, o ritmo é binário; o triângulo, ternário ("Um"..."Dois"..."Três"), conforme indicação contida no Apêndice II.

O Programa proposto além de ampliar o vocabulário do aluno com deficiência intelectual 'treinável' e favorecer a ampliação da linguagem implicando a competência linguística, também favorece a fala: ele passa a articular (falar) melhor porque também há um investimento no aspecto fonético. Isto porque alguns estudiosos são concordes em que a fala faz parte da linguagem produzindo uma complexa relação de pertinência para formar a competência linguística e constituição do pensamento (PIAGET, 1959; SMITH e MILLER, 1968; MOORES, 1970; FURTH, 1971; MENYUK, 1975; GREENE, 1976; CARROLL, 1977; CHOMSKY, 1977; LURIA, 1977, 1979a, 1979b e 1986; PIATELLI-PALMARINI, 1978; OLÉRON, 1978; VYGOTSKY, 1979 e 1984; BRONCKART, 1980 e LURIA e YUDOVICH, 1985).

# 4
# O PROGRAMA DE ENSINO

O programa para ensinar a leitura e escrita para o aluno com deficiência intelectual 'treinável' compreende duas classes de comportamentos terminais indicados no Quadro 3.

*Quadro 3 - Classes de comportamentos terminais do programa*

| |
|---|
| 1. Ler quaisquer textos de acordo com o nível em que se encontra. |
| 2. Escrever quaisquer textos de acordo com o nível em que se encontra. |

Observa-se na proposta destas classes de comportamentos terminais que a autora procurou abranger, com as mesmas o ensino da leitura/escrita para o aluno com deficiência intelectual. Para ensinar a classe de comportamento terminal "Ler quaisquer textos de acordo com o nível em que se encontra" foram propostos dois objetivos intermediários indicados no Quadro 4.

*Quadro 4 - Objetivos intermediários propostos para ensinar a classe de comportamento terminal, "Ler quaisquer textos de acordo com o nível em que se encontra".*

| |
|---|
| 1. Ler quaisquer textos de acordo com o nível que se encontra. |
| 1.1. Ler palavras, retiradas do contexto, formadas pelos grafemas que representam os fonemas ensinados. |
| 1.2. Ler frases, retiradas do contexto, formadas pelos grafemas que representam os fonemas ensinados. |

Por sua vez, os objetivos intermediários ao serem analisados permitem propor classes de comportamentos mais específicos. Assim, para o objetivo intermediário "Ler palavras, retiradas do contexto, formadas pelos grafemas que representam os fonemas ensinados" foram programadas 21 classes de comportamentos específicos conforme indicação contida no Quadro 5. Também, no mesmo Quadro 5 pode-se observar que foram programadas 20 classes de comportamentos específicos para o objetivo intermediário "Ler frases, retiradas do contexto, formadas pelos grafemas que representam os fonemas ensinados".

*Quadro 5 - Objetivos intermediários para ensinar a classe de comportamentos "Ler palavras, retiradas do contexto, formadas pelos grafemas que representam os fonemas ensinados".*

| 1. Ler quaisquer textos de acordo com o nível em que se encontra. |
| --- |
| 1.1. Ler palavras, retiradas do contexto, formadas pelos grafemas que representam os fonemas ensinados. |
| 1.1.1. Ler palavras, retiradas do contexto, formadas pelos grafemas que representam as vogais e semivogais. |
| 1.1.2. Ler palavras, retiradas do contexto, formadas pelos grafemas que representam as vogais e semivogais e a consoante /p/. |
| 1.1.3. Ler palavras, retiradas do contexto, formadas pelos grafemas que representam as vogais e semivogais e as consoantes p /p/ e t /t/. |

| |
|---|
| 1.1.4. Ler palavras, retiradas do contexto, formadas pelos grafemas que representam as vogais e semivogais e as consoantes p /p/, t /t/ e c /k/. |
| 1.1.5. Ler palavras, retiradas do contexto, formadas pelos grafemas que representam as vogais e semivogais e as consoantes p /p/, t /t/, c /k/, e f /f/. |
| 1.1.6. Ler palavras, retiradas do contexto, formadas pelos grafemas que representam as vogais e semivogais e as consoantes p /p/, t /t/, c /k/, f /f/ e s /s/ |
| 1.1.7. Ler palavras, retiradas do contexto, formadas pelos grafemas que representam as vogais e semivogais e as consoantes p /p/, t /t/, c /k/, f /f/, s /s/ e l /l/. |
| 1.1.8. Ler palavras, retiradas do contexto, formadas pelos grafemas que representam as vogais e semivogais e as consoantes p /p/, t /t/, c /k/, f /f/, s /s/, l /l/ e v /v/. |
| 1.1.9. Ler palavras, retiradas do contexto, formadas pelos grafemas que representam as vogais e semivogais e as consoantes p /p/, t /t/, c /k/, f /f/, s /s/, l /l/, v /v/ e b /b/. |
| 1.1.10. Ler palavras, retiradas do contexto, formadas pelos grafemas que representam as vogais e semivogais e as consoantes p /p/, t /t/, c /k/, f /f/, s /s/, l /l/, v /v/, b /b/ e d /d/. |
| 1.1.11. Ler palavras, retiradas do contexto, formadas pelos grafemas que representam as vogais e semivogais e as consoantes p /p/, t /t/, c /k/, f /f/, s /s/, l /l/, v /v/, b /b/, d /d/ e g /g/ |

| | |
|---|---|
| 1.1.12. | Ler palavras, retiradas do contexto, formadas pelos grafemas que representam as vogais e semivogais e as consoantes p /p/, t /t/, c /k/, f /f/, s /s/, l /l/, v /v/, b /b/, d /d/, g /g/ e r /r/. |
| 1.1.13. | Ler palavras, retiradas do contexto, formadas pelos grafemas que representam as vogais e semivogais e as consoantes p /p/, t /t/, c /k/, f /f/, s /s/, l /l/ e v /v/, b /b/, d /d/, g /g/, r /r/ e r /R/. |
| 1.1.14. | Ler palavras, retiradas do contexto, formadas pelos grafemas que representam as vogais e semivogais e as consoantes p /p/, t /t/, c /k/, f /f/, s /s/, l /l/ e v /v/ e b /b/. e d /d/ e g /g/ e r /r/ e r /R/.e m /m/ |
| 1.1.15. | Ler palavras, retiradas do contexto, formadas pelos grafemas que representam as vogais e semivogais e as consoantes p /p/, t /t/, c /k/, f /f/, s /s/, l /l/, v /v/, b /b/, d /d/, g /g/, r /r/, r /R/, m /m/ e n /n/. |
| 1.1.16. | Ler palavras, retiradas do contexto, formadas pelos grafemas que representam as vogais e semivogais e as consoantes p /p/, t /t/, c /k/, f /f/, s /s/, l /l/, v /v/, b /b/, d /d/, g /g/, r /r/, r /R/, m /m/, n /n/ e pela letra h. |
| 1.1.17. | Ler palavras, retiradas do contexto, formadas pelos grafemas que representam as vogais e semivogais e as consoantes /p/, /t/, /k/, /f/, /s/, /l/, /v/, /b/, /d/, /g/, /r/, /R/, /m/, /n/ e / ? / e pela letra h. |

| |
|---|
| 1.1.18. Ler palavras, retiradas do contexto, formadas pelos grafemas que representam as vogais e semivogais e as consoantes /p/, /t/, /k/, /f/, /s/, /l/, /v/, /b/, /d/, /g/, /r/, /R/, /m/, /n/ /? / e /? / e pela letra h. |
| 1.1.19. Ler palavras, retiradas do contexto, formadas pelos grafemas que representam as vogais e semivogais e as consoantes /p/, /t/, /k/, /f/, /s/, /l/, /v/, /b/, /d/, /g/, /r/, /R/, /m/, /n/ /? /, /? /, / f / e pela letra h. |
| 1.1.20. Ler palavras, retiradas do contexto, formadas pelos grafemas que representam as vogais e semivogais e as consoantes /p/, /t/, /k/, /f/, /s/, /l/, /v/, /b/, /d/, /g/, /r/, /R/, /m/, /n/, /? /, / ? /, / f/ e /S/ e pela letra h. |
| 1.1.21. Ler palavras, retiradas do contexto, formadas pelos grafemas que representam as vogais e semivogais e as consoantes /p/, /t/, /k/, /f/, /s/, /l/, /v/, /b/, /d/, /g/, /r/, /R/, /m/, /n/, /? /, / ? /, /f /, / S/ e / z / e pela letra h. |
| 1.2. Ler frases, retiradas do contexto, formadas pelos grafemas que representam os fonemas ensinados.1.2.1. Ler frases, retiradas do contexto, formadas pelos grafemas que representam as vogais e semivogais e a consoante /p/. |
| 1.2.2. Ler frases, retiradas do contexto, formadas pelos grafemas que representam as vogais e semivogais e as consoantes /p/ e /t/ |
| 1.2.3. Ler frases, retiradas do contexto, formadas pelos grafemas que representam as vogais e semivogais e as consoantes /p/, /t/ e /k/ |

| | |
|---|---|
| 1.2.4. | Ler frases, retiradas do contexto, formadas pelos grafemas que representam as vogais e semivogais e as consoantes /p/, /t/, /k/ e /f/. |
| 1.2.5. | Ler frases, retiradas do contexto, formadas pelos grafemas que representam as vogais e semivogais e a consoante /p/, /t/, /k/, /f/ e /s/. |
| 1.2.6. | Ler frases, retiradas do contexto, formadas pelos grafemas que representam as vogais e semivogais e as consoantes /p/, /t/, /k/, /f/, /s/ e /l/. |
| 1.2.7. | Ler frases, retiradas do contexto, formadas pelos grafemas que representam as vogais e semivogais e as consoantes /p/, /t/, /k/, /f/, /s/, /l/ e /v/. |
| 1.2.8. | Ler frases, retiradas do contexto, formadas pelos grafemas que representam as vogais e semivogais e as consoantes /p/, /t/, /k/, /f/, /s/, /l/, /v/ e /b/ |
| 1.2.9. | Ler frases, retiradas do contexto, formadas pelos grafemas que representam as vogais e semivogais e as consoantes /p/, /t/, /k/, /f/, /s/, /l/, /v/, /b/ e /d/. |
| 1.2.10. | Ler frases, retiradas do contexto, formadas pelos grafemas que representam as vogais e semivogais e as consoantes /p/, /t/, /k/, /f/, /s/, /l/, /v/, /b/, /d/ e /g/ |
| 1.2.11. | Ler frases, retiradas do contexto, formadas pelos grafemas que representam as vogais e semivogais e as consoantes /p/, /t/, /k/, /f/, /s/, /l/, /v/, /b/, /d/, /g/ e /r/ |

| |
|---|
| 1.2.12. Ler frases, retiradas do contexto, formadas pelos grafemas que representam as vogais e semivogais e as consoantes /p/, /t/, /k/, /f/, /s/, /l/, /v/, /b/, /d/, /g/, /r/ e /R/. |
| 1.2.13. Ler frases, retiradas do contexto, formadas pelos grafemas que representam as vogais e semivogais e as consoantes /p/, /t/, /k/, /f/, /s/, /l/, /v/, /b/, /d/, /g/, /r/, /R/ e /m/. |
| 1.2.14. Ler frases, retiradas do contexto, formadas pelos grafemas que representam as vogais e semivogais e as consoantes /p/, /t/, /k/, /f/, /s/, /l/, /v/, /b/, /d/, /g/, /r/, /R/, /m/ e /n/. |
| 1.2.15. Ler frases, retiradas do contexto, formadas pelos grafemas que representam as vogais e semivogais e as consoantes /p/, /t/, /k/, /f/, /s/, /l/, /v/, /b/, /d/, /g/, /r/, /R/, /m/, /n/ e pela letra h. |
| 1.2.16. Ler frases, retiradas do contexto, formadas pelos grafemas que representam as vogais e semivogais e as consoantes /p/, /t/, /k/, /f/, /s/, /l/, /v/, /b/, /d/, /g/, /r/, /R/, /m/, /n/ e /? / e pela letra h. |
| 1.2.17. Ler frases, retiradas do contexto, formadas pelos grafemas que representam as vogais e semivogais e as consoantes /p/, /t/, /k/, /f/, /s/, /l/, /v/, /b/, /d/, /g/, /r/, /R/, /m/, /n/, /? / / ? / e pela letra h. |
| 1.2.18. Ler frases, retiradas do contexto, formadas pelos grafemas que representam as vogais e semivogais e as consoantes /p/, /t/, /k/, /f/, /s/, /l/, /v/, /b/, /d/, /g/, /r/, /R/, /m/, /n/, /? /, /? / e / S / e pela letra h. |

| |
|---|
| 1.2.19. Ler frases, retiradas do contexto, formadas pelos grafemas que representam as vogais e semivogais e as consoantes /p/, /t/, /k/, /f/, /s/, /l/, /v/, /b/, /d/, /g/, /r/, /R/, /m/, /n/, /? /, /? /, /S / e /f / e pela letra h. |
| 1.2.20. Ler frases, retiradas do contexto, formadas pelos grafemas que representam as vogais e semivogais e as consoantes /p/, /t/, /k/, /f/, /s/, /l/, /v/, /b/, /d/, /g/, /r/, /R/, /m/, /n/, /? /, / ? /, /S/, /f/, / z / e pela letra h. |

Após o ensino destas classes de comportamentos intermediários o aluno estará apto a ler quaisquer textos de acordo com o nível em que se encontra.

Por outro lado, para ensinar a classe de comportamento terminal "Escrever quaisquer textos de acordo com o nível em que se encontra" foram programados dois objetivos intermediários indicados no Quadro 6.

*Quadro 6. Objetivos intermediários propostos para ensinar a classe de comportamento terminal "Escrever quaisquer textos de acordo com o nível em que se encontra".*

| |
|---|
| 2. Escrever quaisquer textos de acordo com o nível em que se encontra. |
| 2.1. Escrever palavras, retiradas do contexto, formadas pelos grafemas representados pelos fonemas ensinados. |
| 2.2. Escrever frases, retiradas do contexto, formadas pelos grafemasrepresentados pelos fonemas ensinados. |

Por sua vez, estes objetivos intermediários ao serem analisados permitem a proposição de classes de comportamentos mais específicos: a) 21 classes de comportamentos específicos para o objetivo intermediário "Escrever palavras, retiradas do contexto, formadas pelos grafemas representados pelos fonemas ensinados" e, b) 20 classes de comportamentos específicos para o objetivo intermediários "Escrever frases, retiradas do contexto, formadas pelos grafemas representados pelos fonemas ensinados". Estes comportamentos mais específicos estão indicados no Quadro 7.

*Quadro 7. Classes de comportamentos mais específicos programados para ensinar os objetivos intermediários da classe de comportamento terminal "Escrever quaisquer textos de acordo com o nível em que se encontra".*

| 2. Escrever quaisquer textos de acordo com o nível em que se encontra |
|---|
| 2.1. Escrever palavras, retiradas do contexto, formadas pelos grafemas que representam os fonemas ensinados. |
| 2.1.1. Escrever palavras, retiradas do contexto, formadas pelos grafemas que representam as vogais e semivogais. |
| 2.1.2. Escrever palavras, retiradas do contexto, formadas pelos grafemas que representam as vogais e semivogais e a consoante /p/. |
| 2.1.3. Escrever palavras, retiradas do contexto, formadas pelos grafemas que representam as vogais e semivogais e as consoantes /p/ e /t/. |

| |
|---|
| 2.1.4. Escrever palavras, retiradas do contexto, formadas pelos grafemas que representam as vogais e semivogais e as consoantes /p/, /t/ e /k/. |
| 2.1.5. Escrever palavras, retiradas do contexto, formadas pelos grafemas que representam as vogais e semivogais e as consoantes /p/, /t/, /k/, e /f/. |
| 2.1.6. Escrever palavras, retiradas do contexto, formadas pelos grafemas que representam as vogais e semivogais e as consoantes /p/, /t/, /k/, /f/ e /s/ |
| 2.1.7. Escrever palavras, retiradas do contexto, formadas pelos grafemas que representam as vogais e semivogais e as consoantes /p/, /t/, /k/, /f/, /s/ e /l/. |
| 2.1.8. Escrever palavras, retiradas do contexto, formadas pelos grafemas que representam as vogais e semivogais e as consoantes /p/, /t/, /k/, /f/, /s/, /l/ e /v/. |
| 2.1.9. Escrever palavras, retiradas do contexto, formadas pelos grafemas que representam as vogais e semivogais e as consoantes /p/, /t/, /k/, /f/, /s/, /l/, /v/ e /b/. |
| 2.1.10. Escrever palavras, retiradas do contexto, formadas pelos grafemas que representam as vogais e semivogais e as consoantes /p/, /t/, /k/, /f/, /s/, /l/, /v/, /b/ e /d/. |

| |
|---|
| 2.1.11. Escrever palavras, retiradas do contexto, formadas pelos grafemas que representam as vogais e semivogais e as consoantes /p/, /t/, /k/, /f/, /s/, /l/, /v/, /b/, /d/ e /g/. |
| 2.1.12. Escrever palavras, retiradas do contexto, formadas pelos grafemas que representam as vogais e semivogais e as consoantes /p/, /t/, /k/, /f/, /s/, /l/, /v/, /b/, /d/, /g/ e /r/. |
| 2.1.13. Escrever palavras, retiradas do contexto, formadas pelos grafemas que representam as vogais e semivogais e as consoantes /p/, /t/, /k/, /f/, /s/, /l/, /v/, /b/, /d/, /g/, /r/, e /R/. |
| 2.1.14. Escrever palavras, retiradas do contexto, formadas pelos grafemas que representam as vogais e semivogais e as consoantes /p/, /t/, /k/, /f/, /s/, /l/, /v/, /b/, /d/, /g/, /r/, /R/ e /m/ |
| 2.1.15. Escrever palavras, retiradas do contexto, formadas pelos grafemas que representam as vogais e semivogais e as consoantes /p/, /t/, /k/, /f/, /s/, /l/, /v/, /b/, /d/, /g/, /r/, /R/, /m/ e /n/. |
| 2.1.16. Escrever palavras, retiradas do contexto, formadas pelos grafemas que representam as vogais e semivogais e as consoantes /p/, /t/, /k/, /f/, /s/, /l/, /v/, /b/, /d/, /g/, /r/, /R/, /m/, /n/ e pela letra h. |
| 2.1.17. Escrever palavras, retiradas do contexto, formadas pelos grafemas que representam as vogais e semivogais e as consoantes /p/, /t/, /k/, /f/, /s/, /l/, /v/, /b/, /d/, /g/, /r/, /R/, /m/, /n/ e /?/ e pela letra h. |

| |
|---|
| 2.1.18. Escrever palavras, retiradas do contexto, formadas pelos grafemas que representam as vogais e semivogais e as consoantes /p/, /t/, /k/, /f/, /s/, /l/, /v/, /b/, /d/, /g/, /r/, /R/, /m/, /n/ /? /, /? / e pela letra h. |
| 2.1.19. Escrever palavras, retiradas do contexto, formadas pelos grafemas que representam as vogais e semivogais e as consoantes /p/, /t/, /k/, /f/, /s/, /l/, /v/, /b/, /d/, /g/, /r/, /R/, /m/, /n/ /? /, /? /, / S / e pela letra h. |
| 2.1.20. Escrever palavras, retiradas do contexto, formadas pelos grafemas que representam as vogais e semivogais e as consoantes /p/, /t/, /k/, /f/, /s/, /l/, /v/, /b/, /d/, /g/, /r/, /R/, /m/, /n/, /? /, /? /, /S /, /z/ e pela letra h. |
| 2.1.21. Escrever palavras, retiradas do contexto, formadas pelos grafemas que representam as vogais e semivogais e as consoantes /p/, /t/, /k/, /f/, /s/, /l/, /v/, /b/, /d/, /g/, /R/, /r/, /z/, /m/, /n/, / ? /, / ?/, / S/, / ʃ /, /z/ e pela letra h. |
| 2.2. Escrever frases, retiradas do contexto, formadas pelos grafemas que representam os fonemas ensinados. |
| 2.2.1. Escrever frases, retiradas do contexto, formadas pelos grafemas que representam as vogais e semivogais e a consoante /p/. |
| 2.2.2. Escrever frases, retiradas do contexto, formadas pelos grafemas que representam as vogais e semivogais e as consoantes /p/ e /t/ |

| |
|---|
| 2.2.3. Escrever frases, retiradas do contexto, formadas pelos grafemas que representam as vogais e semivogais e as consoantes /p/, /t/ e /k/ |
| 2.2.4. Escrever frases, retiradas do contexto, formadas pelos grafemas que representam as vogais e semivogais e as consoantes /p/, /t/, /k/ e /f/. |
| 2.2.5. Escrever frases, retiradas do contexto, formadas pelos grafemas que representam as vogais e semivogais e a consoante /p/, /t/, /k/, /f/ e /s/. |
| 2.2.6. Escrever frases, retiradas do contexto, formadas pelos grafemas que representam as vogais e semivogais e as consoantes /p/, /t/, /k/, /f/, /s/ e /l/. |
| 2.2.7. Escrever frases, retiradas do contexto, formadas pelos grafemas que representam as vogais e semivogais e as consoantes /p/, /t/, /k/, /f/, /s/, /l/ e /v/. |
| 2.2.8. Escrever frases, retiradas do contexto, formadas pelos grafemas que representam as vogais e semivogais e as consoantes /p/, /t/, /k/, /f/, /s/, /l/,/v/ e /b/ |
| 2.2.9. Escrever frases, retiradas do contexto, formadas pelos grafemas que representam as vogais e semivogais e as consoantes /p/, /t/, /k/, /f/, /s/, /l/, /v/, /b/ e /d/. |

| |
|---|
| 2.2.10. Escrever frases, retiradas do contexto, formadas pelos grafemas que representam as vogais e semivogais e as consoantes /p/, /t/, /k/, /f/, /s/, /l/, /v/, /b/, /d/ e /g/ |
| 2.2.11. Escrever frases, retiradas do contexto, formadas pelos grafemas que representam as vogais e semivogais e as consoantes /p/, /t/, /k/, /f/, /s/, /l/, /v/, /b/, /d/, /g/ e /r/ |
| 2.2.12. Escrever frases, retiradas do contexto, formadas pelos grafemas que representam as vogais e semivogais e as consoantes /p/, /t/, /k/, /f/, /s/, /l/, /v/, /b/, /d/, /g/, /r/ e /R/. |
| 2.2.13. Escrever frases, retiradas do contexto, formadas pelos grafemas que representam as vogais e semivogais e as consoantes /p/, /t/, /k/, /f/, /s/, /l/, /v/, /b/, /d/, /g/, /r/, /R/ e /m/. |
| 2.2.14. Escrever frases, retiradas do contexto, formadas pelos grafemas que representam as vogais e semivogais e as consoantes /p/, /t/, /k/, /f/, /s/, /l/, /v/, /b/, /d/, /g/, /r/, /R/, /m/ e /n/. |
| 2.2.15. Escrever frases, retiradas do contexto, formadas pelos grafemas que representam as vogais e semivogais e as consoantes /p/, /t/, /k/, /f/, /s/, /l/, /v/, /b/, /d/, /g/, /r/, /R/, /m/, /n/ e pela letra h. |
| 2.2.16. Escrever frases, retiradas do contexto, formadas pelos grafemas que representam as vogais e semivogais e as consoantes /p/, /t/, /k/, /f/, /s/, /l/, /v/, /b/, /d/, /g/, /r/, /R/, /m/, /n/ e /?/ e pela letra h. |

| |
|---|
| 2.2.17. Escrever frases, retiradas do contexto, formadas pelos grafemas que representam as vogais e semivogais e as consoantes /p/, /t/, /k/, /f/, /s/, /l/, /v/, /b/, /d/, /g/, /r/, /R/, /m/, /n/, /? / e / ? / e pela letra h. |
| 2.2.18. Escrever frases, retiradas do contexto, formadas pelos grafemas que representam as vogais e semivogais e as consoantes /p/, /t/, /k/, /f/, /s/, /l/, /v/, /b/, /d/, /g/, /r/, /R/, /m/, /n/, /? /, /? / e / ʃ / e pela letra h. |
| 2.2.19. Escrever frases, retiradas do contexto, formadas pelos grafemas que representam as vogais e semivogais e as consoantes /p/, /t/, /k/, /f/, /s/, /l/, /v/, /b/, /d/, /g/, /r/, /R/, /m/, /n/, /? /, /? /, / ʃ / e /z/ e pela letra h. |
| 2.2.20. Escrever frases, retiradas do contexto, formadas pelos grafemas que representam as vogais e semivogais e as consoantes /p/, /t/, /k/, /f/, /s/, /l/, /v/, /b/, /d/, /g/, /R/, /r/, /z/, /m/, /n/, / ? /, / ?/, / S/, / ʃ / e /z/ e pela letra h. |

Entretanto, para que o Programa seja compreendido melhor a seguir serão descritas as 219 etapas de per si, no Quadro 8. Nesta descrição procurou-se mostrar que a leitura/escrita devem ser ensinadas simultaneamente. Isto deve ser cuidado com muita atenção por parte do professor para evitar que o aluno com deficiência intelectual 'treinável' se torne apenas um 'exímio copista', ou seja, faça cópias (escrita formal) sem saber ler o que escreveu. Em sua essência o que se tem como objetivo é que este aluno seja capaz de realizar a escrita criativa.

*Quadro 8. As etapas do Programa para o ensino da leitura/escrita*

| ETAPAS | CONTEÚDO | OBJETIVOS |
|---|---|---|
| 1 | Fonética e leitura/escrita das vogais a, o, u, e, i | Ler e escrever as vogais |
| 2 | Leitura/escrita dos conjuntos de vogais | Ler e escrever palavras, retiradas do contexto, formadas pelos grafemas que representam as vogais e semivogais. |
| 3 | Fonética de /p/ | |
| 4 | Leitura/escrita das palavras pa, papai, pé, pia, pó, pipa | Ler e escrever palavras e frases, retiradas do contexto, formadas pelos grafemas que representam as vogais e semivogais e a consoante /p/. |
| 5 | Leitura/escrita das frases: Eu e o papai; Eu e o au...au; O papai e o au...au; A pá, a pia e o pó; | |
| 6 | Análise das palavras estudadas na 4ª etapa obtendo-se as sílabas pa, po, pu, pe, p | |
| 7 | Síntese das sílabas estudadas na 6a. Etapa mais as vogais para a composição de palavras: papa, papo, pau, popa, ipê, upa, epa, pua | |
| 8 | Fonética de /t/ | |
| 9 | Leitura/escrita das palavras: tatu, apito, tapete, pato. | Ler e escrever palavras e frases, retiradas do contexto, formadas pelos grafemas que representam as vogais e semivogais e as consoantes /p/ e /t/. |

| | | |
|---|---|---|
| 10 | Leitura/escrita das frases: O tatu e o pato; O au...au, o pato e o tatu; O tapete, o pó e a pá | Colocar vírgula corretamente na frase. |
| 11 | Análise das palavras estudadas na 9ª Etapa, obtendo-se as sílabas: ta, to, tu, te, ti | |
| 12 | Síntese das sílabas estudadas na 11ª Etapa para a composição de palavras; titio, titia, até, teu, tua, pata, tapa, pote, oito, auto, apita (ação) | |
| 13 | Leitua/escrita das frases: O papai apita; Eu apito; O titio apita. | Falar palavras que indicam ação |
| 14 | Fonética de /k/ | |
| 15 | Leitura/escrita das palavras: copo, capa, pacote, coco. | Ler e escrever palavras e frases, retiradas do contexto, formadas pelos grafemas que representam as vogais e semivogais e as consoantes /p/, /t/, e /k/. |
| 16 | Leitura/escrita das frases: O copo e a capa; O copo e o pote; A titia e a capa. | |
| 17 | Análise das palavras estudadas na 15ª Etapa, obtendo-se as sílabas, ca, co, cu, que, qui | |
| 18 | Síntese das sílabas estudadas na 17ª Etapa para a composição de palavras: cópia, coca, toca, pouco, pipoca, peteca, caqui, toque (ação), caiu (ação) | |
| 19 | Leitura/escrita das frases: A pipoca é pouca; A coca é pouca; O caqui caiu aqui. | |
| 20 | Fonética de /f/ | |

| | | |
|---|---|---|
| 21 | Leitura/escrita das palavras: faca, fita, café. | Ler e escrever palavras e frases, retiradas do contexto, formadas pelos grafemas que representam as vogais e semivogais e as consoantes /p/, /t/, /k/ e /f/ |
| 22 | Leitura/escrita das frases: A faca caiu; O café é pouco; A fita caiu. | |
| 23 | Análise das palavras estudadas na 21ª etapa obtendo-se as sílabas: fa, fo, fu, fe, fi | |
| 24 | Síntese das sílabas estudadas na 23ª Etapa para composição de palavras: feio; feia; fatia; foca; foto; fio; fofoca; fica (ação) | |
| 25 | Leitura/escrita das frases: A faca é feia; A titia fica aqui. | |
| 26 | Fonética de /s/ | |
| 27 | Leitura/escrita das palavras: sapo; sopa; sofá; sapato. | Ler e escrever palavras e frases, retiradas do contexto, formadas pelos grafemas que representam as vogais e semivogais e as consoantes /p/, /t/, /k/, /f/, e /s/ |
| 28 | Leitura/escrita das frases: O sapo é feio; A sopa é pouca; O sapato caiu. | |
| 29 | Análise das palavras estudadas na 27ª etapa, obtendo-se as sílabas: sa, so, su, se, si. | |
| 30 | Síntese das sílabas estudadas na 29ª etapa para a composição de palavras: sete; saia; saco; sua; sitio; seca; suco; seu; sei. | |

| | | |
|---|---|---|
| 31 | Leitura/escrita das frases: O sapato é seu; A sopa é pouca; A saia caiu. | |
| 32 | Leitura/escrita das palavras: poço; taça. | Usar ç = /s/ |
| 33 | Leitura/escrita das frases: A taça caiu; O poço é feio | |
| 34 | Análise das palavras estudadas da 32ª Etapa, obtendo-se as sílabas: ça, ço, çu, ce, ci | |
| 35 | Síntese das sílabas estudadas na 34ª Etapa para a composição de palavras; cacique; céu; foice; peça; aço; caça (ação) | |
| 36 | Leitura/escrita das frases: O titio caça o tatu; A foice caiu. | |
| 37 | Fonética de /l/ | |
| 38 | Leitura/escrita das palavras: lua; laço; lata; leite. | Ler e escrever palavras e frases, retiradas do contexto, formadas pelos grafemas que representam as vogais e semivogais e as consoantes /p/, /t/, /k/, /f/, /s/ e /l/ |
| 39 | Leitura/escrita das frases: O leite é pouco; A lata caiu. | |
| 40 | Análise das palavras estudadas na 38ª etapa obtendo-se as sílabas: la, lo, lu, le, li | |
| 41 | Síntese das sílabas estudadas na 40ª etapa para a composição de palavras: alicate, tela, cálice, cola, sola, ele, ela, paletó, ali, colo, leque, pula (ação) fala (ação) | |
| 42 | Leitura/escrita das frases: O papai fala pouco; O alicate caiu; O paletó é seu. | |

| 43 | Fonética de /v/ | |
|---|---|---|
| 44 | Leitura/escrita das palavras: uva, ovo, vela, luva, vovó, vovô. | Ler e escrever palavras e frases, retiradas do contexto, formadas pelos grafemas que representam as vogais e semivogais e as consoantes /p/, /t/, /k/, /f/, /s/, /l/ e /v/ |
| 45 | Leitura/escrita das frases: O vovô fala pouco; O ovo caiu; A luva é sua. | |
| 46 | Análise das palavras estudadas na 44ª Etapa, obtendo-se as sílabas, va, vo, vu, ve, vi. | |
| 47 | Síntese das sílabas estudadas na 46ª Etapa para a composição de palavras: cavalo; você; ave; saúva; vale; viola; couve; lava (ação); vê (ação); voa (ação), cava (ação). | |
| 48 | Leitura/escrita de frases: O titio toca a viola; A ave voa; O vovô vê a vaca. | |
| 49 | Fonética de /b/ | |
| 50 | Leitura/escrita das palavras: bico, bota, bola, boca. | Ler e escrever palavras e frases, retiradas do contexto, formadas pelos grafemas que representam as vogais e semivogais e as consoantes /p/, /t/, /k/, /f/, /s/, /l/, /v/ e /b/ |
| 51 | Leitura/escrita das frases: O vovô vê a bota; A bola caiu. | |
| 52 | Análise das palavras estudadas na 50ª Etapa obtendo-se as sílabas: ba, bo, bu, be, bi | |

| | | |
|---|---|---|
| 53 | Síntese das sílabas estudadas na 52ª Etapa para a composição de palavras: bolo, beco, bica, bobo, lábio, cabo, cebola, batata | |
| 54 | Leitura/escrita de frases: O bolo é da titia; A batata caiu; A titia é boa. | |
| 55 | Fonética de /d/ | |
| 56 | Leitura/escrita das palavras: dedo, dado, cidade. | Ler e escrever palavras e frases, retiradas do contexto, formadas pelos grafemas que representam as vogais e semivogais e as consoantes /p/, /t/, /k/, /f/, /s/, /l/, /v/, /b/ e /d/. |
| 57 | Leitura/escrita das frases: O dado caiu; A cidade é feia; O titio vê o dado. | |
| 58 | Análise das palavras estudadas na 56ª Etapa, obtendo-se as sílabas: da, do, du, de, di | |
| 59 | Síntese das sílabas estudadas na 58ª Etapa para a composição de palavras: cedo, idade, bode, cabide, dia, cuidado, lodo, tudo, toda, doce, pede (ação). | |
| 60 | Leitura/escrita de frases: Que belo dia! O bolo é doce; O cabide caiu. | Usar o sinal indicativo da exclamação. |
| 61 | Fonética de /g/ | |

| | | |
|---|---|---|
| 62 | Leitura/escrita das palavras: gato, galo, bigode, fogo, água. | Ler e escrever palavras e frases, retiradas do contexto, formadas pelos grafemas que representam as vogais e semivogais e as consoantes /p/, /t/, /k/, /f/, /s/, /l/, /v/, /b/, /d/ e /g/. |
| 63 | Leitura/escrita das frases: A água é pouca; O fogo acabou; O bigode é do papai. | |
| 64 | Análise das palavras estudadas na 62ª Etapa, obtendo-se as sílabas: ga, go, gu, gue, gui | |
| 65 | Síntese das sílabas estudadas na 64ª Etapa, para a composição de palavras: foguete, figo, gaiola, colega, goiaba, papagaio, gaveta, pague, pega (ação). | |
| 66 | Leitura/escrita das frases: Aquele é seu colega; O foguete subiu; O gato bebe água. | |
| 67 | Fonética de /R/ | |
| 68 | Leitura/escrita das palavras: pera, barata, parede. | Ler e escrever palavras e frases, retiradas do contexto, formadas pelos grafemas que representam as vogais e semivogais e as consoantes /p/, /t/, /k/, /f/, /s/, /l/, /v/, /b/, /d/, /g/ e /R/. |
| 69 | Leitura/escrita das frases: A parede é feia; A barata voa; | |
| 70 | Análise das palavras estudadas na 68ª Etapa, obtendo-se as sílabas: ra, ro, ru, re, ri. | |

| | | |
|---|---|---|
| 71 | Síntese das sílabas estudadas na 70ª Etapa, para a composição de palavras: cadeira, arara, agora, feira, garoto, querido, feriado. | |
| 72 | Leitura/escrita das frases: Agora, eu fico aqui; A arara voa; A cadeira é do papai. | |
| 73 | Fonética de /R/ | |
| 74 | Leitura/escrita das palavras: rato, rádio, roda. | Ler e escrever palavras e frases, retiradas do contexto, formadas pelos grafemas que representam as vogais e semivogais e as consoantes /p/, /t/, /k/, /f/, /s/, /l/, /v/, /b/, /d/, /g/, /R/ e /r/ |
| 75 | Leitura/escrita das frases: O rato é feio; O rádio toca; O papai ouve o rádio. | |
| 76 | Análise das palavras estudadas na 74ª etapa, obtendo-se as sílabas: ra, ro, ru, re, ri (iguais às sílabas da 70ª etapa). | |
| 77 | Síntese das sílabas estudadas na 75ª etapa para a composição de palavras: rua, rei, rio, recado, roçado, ralo. | |
| 78 | Leitura/escrita das frases: Eu dei o recado ao papai; A coroa é do rei. | |
| 79 | Fonética de /z/ (s entre vogais). | |
| 80 | Leitura/escrita das palavras: casa, asa, vaso, parafuso. | Ler e escrever palavras e frases, retiradas do contexto, formadas pelos grafemas que representam as vogais e semivogais e as consoantes /p/, /t/, /k/, /f/, /s/, /l/, /v/, /b/, /d/, /g/, /R/, /r/ e /z/. |

| | | |
|---|---|---|
| 81 | Leitura/escrita das frases: A casa é da titia; O vaso caiu; O parafuso é da cadeira. | |
| 82 | Análise das palavras estudadas na 80a. etapa, obtendo-se as sílabas: sa, so, su, se, si (iguais às sílabas estudadas na 29ª etapa). | |
| 83 | Síntese das sílabas estudadas na 82ª Etapa, para composição de palavras: lousa, liso, aviso, pesado, rosa. | |
| 84 | Leitura/escrita das frases: A roda é pesada; A rosa é da titia; O cabelo do papai é liso. | |
| 85 | Fonética de /m/ | |
| 86 | Leitura/escrita das palavras: mala, mola, mesa, tomate, cama. | Ler e escrever palavras e frases, retiradas do contexto, formadas pelos grafemas que representam as vogais e semivogais e as consoantes /p/, /t/, /k/, /f/, /s/, /l/, /v/, /b/, /d/, /g/, /R/,/r/, /z/ e /m/. |
| 87 | Leitura/escrita das frases: A cama é da vovó; O papai vê o tomate; Eu pego a mala. | |
| 88 | Análise das palavras estudadas na 86ª Etapa, obtendo-se as sílabas: ma, mo, mu, me, mi. | |
| 89 | Síntese das sílabas estudadas na 88ª Etapa, para composição de palavras: macaco, moço, fumaça. | |
| 90 | Leitura/escrita das frases: A meia é do vovô; O macaco pula; O titio come tomate. | |
| 91 | Fonética de /n/ | |

| | | |
|---|---|---|
| 92 | Leitura/escrita das palavras: navio, caneca, menina, menino, sino. | Ler e escrever palavras e frases, retiradas do contexto, formadas pelos grafemas que representam as vogais e semivogais e as consoantes /p/, /t/, /k/, /f/, /s/, /l/, /v/, /b/, /d/, /g/, /R/, /r/, /z/, /m/ e /n/. |
| 93 | Leitura/escrita das frases: A caneca é da menina; O sino toca. | |
| 94 | Análise das palavras estudadas na 92ª Etapa, obtendo-se: na, no, nu, ne, ni. | |
| 95 | Síntese das sílabas estudadas na 94ª etapa, para composição de palavras: banana, telefone, boneca. | |
| 96 | Leitura/escrita das frases: O papai é bonito; O boné é do papai; Eu como a banana. | |
| 97 | Fonética de ão. | |
| 98 | Leitura/escrita das palavras: avião, leão, pão. | |
| 99 | Leitura/escrita das sentenças: O avião voa; O papai come pão; O menino viu o leão. | |
| 100 | Leitura/escrita das palavras: não, coração, pião, balão, sabão, lição. | |
| 101 | Fonética de ãe. | |
| 102 | Leitura/escrita da palavra: mamãe | |
| 103 | Leitura/escrita das frases: A mamãe pega a rosa; O bebê é da mamãe. | |
| 104 | Fonética de ã | |
| 105 | Leitura/escrita das palavras: divã, maçã, lã. | |
| 106 | Leitura/escrita das frases: Eu deito no divã; A mamãe pega a lã; Eu como a maçã. | |

| | | |
|---|---|---|
| 107 | Fonética de õe | |
| 108 | Leitura/escrita da palavra: põe. | |
| 109 | Leitura/escrita das frases: A mamãe põe a maçã na mesa; O papai põe a maçã na boca. | |
| 110 | Síntese de todos os sons estudados com ão, obtendo-se as sílabas: pão, tão, cão, fão, são, ção, lão, vão, bão, dão, rão, grão, mão, não. | |
| 111 | Fonética de /k/ (q seguido de ua e uo) | |
| 112 | Leitura/escrita da palavra: aquário. | |
| 113 | Leitura/escrita das frases: O aquário é pequeno; O menino vê o aquário. | |
| 114 | Análise da palavra ensinada na 112ª etapa, obtendo-se as sílabas: qua, quo. | |
| 115 | Síntese das sílabas estudadas na 114ª etapa, para composição de palavras: quase, aquático, qualidade. | |
| 116 | Leitura/escrita das frases: O pato é ave aquática, O pão é de boa qualidade. | |
| 117 | Letra h | |
| 118 | Leitura/escrita das palavras: hélice, hora. | |
| 119 | Leitura/escrita das frases: A hélice é de avião; Que horas são? | Usar o sinal indicativo da interrogação |
| 120 | Análise das palavras ensinadas na 118ª Etapa, obtendo-se as sílabas: ha, ho, hu, he, hi. | |
| 121 | Síntese das sílabas estudadas na 120ª Etapa, para composição de palavras: houve, herói, hino, hipopótamo, hiena. | |
| 122 | Leitura/escrita das frases: Eu ouço o hino; O hipopótamo vive na água. | |
| 123 | Fonética de / ? / (lh) | |

| | | |
|---|---|---|
| 124 | Leitura/escrita das palavras: olho, folha, agulha, orelha. | Ler e escrever palavras e frases, retiradas do contexto, formadas pelos grafemas que representam as vogais e semivogais e as consoantes /p/, /t/, /k/, /f/, /s/, /l/, /v/, /b/, /d/, /g/, /R/, /r/, /z/, /m/, /n/ e /?/. |
| 125 | Leitura/escrita das frases: A folha caiu; A agulha é da mamãe. | |
| 126 | Análise das palavras ensinadas na 124ª Etapa, obtendo-se as sílabas: lha, lho, lhu, lhe, lhi. | |
| 127 | Síntese das sílabas estudadas na 126ª Etapa, para composição de palavras: alho, palhaço, filho, velha, abelha, coelho. | |
| 128 | Leitura/escrita das frases: A vovó é velha; A abel;ha voa; O palhaço ri. | |
| 129 | Fonética de /?/ (nh) | |
| 130 | Leitura/escrita das palavras: galinha, unha, ninho, aranha. | Ler e escrever palavras e frases, retiradas do contexto, formadas pelos grafemas que representam as vogais e semivogais e as consoantes /p/, /t/, /k/, /f/, /s/, /l/, /v/, /b/, /d/, /g/, /r/, /R/, /z/, /m/, /n/, /?/ e /?/. |
| 131 | Leitura/escrita das frases: A galinha põe o ovo; O ninho é da ave. | |
| 132 | Análise das palavras ensinadas na 130ª etapa obtendo-se as sílabas: nha, nho, nhu, nhe, nhi. | |
| 133 | Síntese das sílabas estudadas na 132ª etapa, para composição de palavras: vinho, dinheiro, minha, caminhão, linha. | |

| | | |
|---|---|---|
| 134 | Leitura/escrita das frases: O vovô bebe o vinho; O garoto vê o caminhão. | |
| 135 | Fonética de / f / (ch) | |
| 136 | Leitura/escrita das palavras: chave, chuva, chapéu | Ler e escrever palavras e frases, retiradas do contexto, formadas pelos grafemas que representam as vogais e semivogais e as consoantes /p/, /t/, /k/, /f/, /s/, /l/, /v/, /b/, /d/, /g/, /R/, /r/, /z/, /m/, /n/, /? /, /? / e /f /. |
| 137 | Leitura/escrita das frases: A chave é do papai: A chuva molhou a roupa; O chapéu é do titio. | |
| 138 | Análise das palavras ensinadas na 136ª etapa obtendo-se as sílabas: cha, cho, chu, che, chi. | |
| 139 | Síntese das sílabas estudadas na 138ª etapa, para composição de palavras: chinelo, chocalho, fechadura. | |
| 140 | Leitura/escrita das frases: O chinelo é meu; O bebê pega o chocalho; A fechadura é pequena. | |
| 141 | Fonética de j / z / | |
| 142 | Leitura/escrita das palavras: janela, joelho, queijo. | Ler e escrever palavras e frases, retiradas do contexto, formadas pelos grafemas que representam as vogais e semivogais e as consoantes /p/, /t/, /k/, /f/, /s/, /l/, /v/, /b/, /d/, /g/, /R/, /r/, /z/, /m/, /n/, /? /, /? / e /f /. |

| | |
|---|---|
| 143 | Leitura/escrita das frases: O papai fechou a janela; O menino feriu o joelho; Eu como o queijo. |
| 144 | Análise das palavras ensinadas na 142.ª etapa, obtendo-se as sílabas, ja, jo, ju, je, ji. |
| 145 | Síntese das sílabas estudadas na 144ª etapa para a composição de palavras: junho, julho, beijo, jacaré, caju. |
| 146 | Leitura/escrita das frases: Eu jogo a bola; O jacaré vive no rio; A mamãe beija o bebê |
| 147 | Fonética de g / z / |
| 148 | Leitura/escrita das palavras: girafa, gelo, relógio. |
| 149 | Leitura/escrita das frases: Eu vejo a hora no relógio da mamãe; O macaco vê a girafa. |
| 150 | Análise das palavras ensinadas na 148ª etapa, obtendo-se as sílabas: ge, gi |
| 151 | Síntese das sílabas estudadas na 150ª etapa para a composição de palavras: gema, gemada, tigela, geladeira. |
| 152 | Leitura/escrita das frases: A gema é amarela; A tigela é pequena. |
| 153 | Fonética de x / S / |
| 154 | Leitura/escrita das palavras: xícara, abacaxi, táxi, exame, máximo. |
| 155 | Leitura/escrita das frases: A xícara é pequena; O papai come o abacaxi. |
| 156 | Análise das palavras ensinadas na 154ª etapa, obtendo-se as sílabas: xa, xo, xu, xe, xi. |

| | | |
|---|---|---|
| 157 | Síntese das sílabas estudadas na 156ª etapa para composição de palavras: maxixe, ameixa, peixe, roxo, axila, exato. | Inserir os outros sons da letra x (exílio, exato, táxi, máximo, próximo). |
| 158 | Leitura/escrita das frases: O lixo é sujo; A caixa é pequena; Eu como a ameixa. | |
| 159 | Fonética de z /z/ | |
| 160 | Leitura/escrita das palavras: zero, azulejo. | Ler e escrever palavras e frases, retiradas do contexto, formadas pelos grafemas que representam as vogais e semivogais e as consoantes /p/, /t/, /k/, /f/, /s/, /l/, /v/, /b/, /d/, /g/, /R/, /r/, /z/, /m/, /n/, / ? /, / ?/, / S/, / ʃ / e /z/. |
| 161 | Leitura/escrita das frases: O garoto tirou zero na tarefa: O azulejo é bonito. | |
| 162 | Análise das palavras ensinadas na 160ª etapa, obtendo-se as sílabas: za, zo, zu, ze, zi. | |
| 163 | Síntese das sílabas estudadas na 162ª etapa para a composição de palavras: dezena, dúzia, azeite, azeitona, buzina. | |
| 164 | Leitura/escrita das frases: O batizado do bebê é hoje; A buzina é do titio. | |
| 165 | Fonética de rr /r/ | |
| 166 | Leitura/escrita das palavras: jarro, garrafa, torre. | |
| 167 | Leitura/escrita das frases: O jarro é bonito; A garrafa é pequena: O rei mora na torre. | |

| | |
|---|---|
| 168 | Análise das palavras ensinadas na 166ª etapa, obtendo-se novas palavras: ferro, terra, burro, borracha, cigarro, cachorro. |
| 169 | Leitura/escrita das frases: O ferro é pesado; O cachorro late: Eu não fumo o cigarro. |
| 170 | Fonética de ss /s/ |
| 171 | Leitura/escrita das palavras; passarinho, vassoura, osso. |
| 172 | Leitura/ escrita das frases: O passarinho voa, A vassoura varre o chão; O cachorro rói o osso. |
| 173 | Análise das palavras ensinadas na 171ª etapa, obtendo-se novas palavras: assado, tosse, missa. |
| 174 | Leitura/escrita das frases: A vovó assou a galinha; A menina tosse muito; A mamãe foi à missa. |
| 175 | Sílabas na ordem inversa (vogal + consoante ou consoante + vogal + consoante) pela leitura/escrita das palavras: talco, funil, farol, túnel. |
| 176 | Leitura/escrita das frases: O talco é fino; O carro passou no túnel; Eu vejo o farol. |
| 177 | Análise das palavras ensinadas na 176ª Etapa, obtendo-se: al, ol, ul, el, il |
| 178 | Síntese das sílabas estudadas na 177ª Etapa para a composição de palavras: animal, calça, bolsa, pulga, papel, anel. |
| 179 | Leitura/escrita das frases: A calça do papai é azul; A bolsa é da mamãe; O anel é meu. |

| | | |
|---|---|---|
| 180 | Sílabas na ordem inversa (vogal + consoante ou consoante + vogal + consoante) pela leitura/escrita das palavras: tampa, pombo, campo. | |
| 181 | Leitura/escrita das frases: A tampa é da panela; O pombo voa; O campo é bonito. | |
| 182 | Análise das palavras ensinadas na 180ª Etapa, obtendo-se as sílabas: am, om, um, em, im. | |
| 183 | Síntese das sílabas estudadas na 180ª Etapa para a composição de palavras: tempo, samba, bomba, lâmpada, limpo. | |
| 184 | Leitura/escrita das frases: A lâmpada ilumina a sala; O tempo é de chuva. | |
| 185 | Sílabas na ordem inversa (vogal + consoante ou consoante + vogal + consoante) pela leitura/escrita das palavras: dente, tinta, pente. | |
| 186 | Leitura/escrita das frases: O dente é pequeno; A tinta é amarela; O pente é da mamãe. | |
| 187 | Análise das palavras ensinadas na 185ª Etapa, obtendo-se as sílabas: an, on, un, en, in. | |
| 188 | Síntese das sílabas estudadas na 187ª Etapa para a composição de palavras: ponte, lindo, quente, quanto. | |
| 189 | Leitura/escrita de frases: Que lindo dia! Eu canto o hino; O carro passou na ponte. | |
| 190 | Sílabas na ordem inversa (vogal + consoante ou consoante + vogal + consoante) pela leitura/escrita das palavras: carta, porta, urso. | |

| | | |
|---|---|---|
| 191 | Leitura/escrita das frases: O papai recebeu a carta; A mamãe fechou a porta; O urso é marrom. | |
| 192 | Análise das palavras ensinadas na 190ª Etapa, obtendo-se as sílabas: ar, or ur, er ir. | |
| 193 | Síntese das sílabas estudadas na 190ª Etapa para a composição de palavras: perto, forte berço, verde, colher. | |
| 194 | Leitura/escrita das frases: O leão é forte; O bebê dorme no berço; O garfo caiu no chão. | |
| 195 | Sílabas na ordem inversa (vogal + consoante ou consoante + vogal + consoante) pela leitura/escrita das palavras: mosca, escada, poste. | |
| 196 | Leitura/escrita das frases: A mosca voa; Eu subi a escada; O poste é muito alto. | |
| 197 | Análise das palavras ensinadas na 195ª Etapa, obtendo-se as sílabas: as, os, us, es, is. | |
| 198 | Síntese das sílabas estudadas na 195ª Etapa para a composição de palavras: lápis, festa, escola, vestido, espada. | |
| 199 | Leitura/escrita das frases: Eu escovo os dentes; O lápis é amarelo; Eu vou ao dentista. | |
| 200 | Sílabas na ordem inversa (vogal + consoante ou consoante + vogal + consoante) pela leitura/escrita das palavras: luz, perdiz, cuscuz. | |
| 201 | Leitura/escrita das frases: A luz do Sol é forte; Eu como o cuscuz; A perdiz voa. | |

| | |
|---|---|
| 202 | Análise das palavras ensinadas na 200ª Etapa, obtendo-se as sílabas, az, oz, uz, ez, iz. |
| 203 | Síntese das sílabas estudadas na 202ª Etapa para composição de palavras: giz, juiz, faz, vez. |
| 204 | Leitura/escrita das frases: O aluno pega o giz; O juiz apitou o jogo. |
| 205 | Sílabas compostas (consoante + consoante + vogal) pela leitura/escrita das palavras: prato, livro, fruta, gravata. |
| 206 | Leitura/escrita das frases: O prato é da mamãe; O vovô lê o livro; A gravata é do papai. |
| 207 | Análise das palavras ensinadas na 205ª Etapa, obtendo-se as sílabas: pra, pro, pru, pre, pri, tra, tro, tru, tre, tri, cra, cro, cru, cre cri, fra, fro, fru, fre, fri, vra, vro, vru, vre, vri, bra, bro, bru, bre, bri, dra, dro, dru, dre, dri, gra, gro, gru, gre, gri. |
| 208 | Síntese das sílabas estudadas na 207ª Etapa para a composição de palavras: grama, cravo, primeiro, creme, dragão, praia, Brasil, brinquedo, trabalho. |
| 209 | Leitura/escrita das frases: A grama é verde; Eu gosto de creme de leite; A praia é bonita. |
| 210 | Sílabas compostas (consoante + consoante + vogal) pela leitura/escrita das palavras: pluma, atleta, bicicleta, blusa. |
| 211 | Leitura/escrita das frases: A pluma do pavão é linda; O garoto tem uma bicicleta; A blusa é branca. |

| | | |
|---|---|---|
| 212 | Análise das palavras ensinadas na 210ª Etapa obtendo-se as sílabas: pla, plo, plu, ple, pli, tla, tlo, tlu, tle, tli, cla, clo, clu, cle, cli, fla, flo, flu, fle, fli, bla, blo, blu, ble, bli, gla, glo, glu, gle, gli. | |
| 213 | Síntese das sílabas estudadas na 212ª Etapa para a composição de palavras: placa, atlas, clube, flor, bloco. | |
| 214 | Leitura/escrita das frases: A placa está inclinada; A rosa é uma flor; Eu sou um aluno aplicado. | |
| 215 | Sílabas complexas: trans, pers, pela leitura/escrita das palavras: transporte, perspectiva e substantivo. | |
| 216 | Leitura/escrita das frases: O trem é um meio de transporte terrestre. | |
| 217 | Análise das palavras ensinadas na 215ª Etapa, obtendo-se as sílabas: trans, pers, subs. | |
| 218 | Síntese das sílabas estudadas na 217ª Etapa para composição de palavras: transplante, perspicaz. | |
| 219 | Leitura/escrita das frases: O homem fez o transplante do fígado; O médico transplantou o coração do garoto. | |

# 5
## O MATERIAL

O material a ser utilizado na aplicação do Programa proposto será descrito a seguir.

1) Um caderno de desenho (tamanho grande) com os 18 tipos de linhas traçadas e sobre estes traçados, colar barbante (cordão) n° 9 (Ver Apêndice II);

2) Letras do alfabeto português confeccionadas em "espuma" (10mm de espessura) na cor azul clara e coladas sobre cartões na cor branca, medindo 17,50 x 20,50 cm. (Ver Apêndice III).

3) Um caderno de desenho (tamanho grande) com as letras do alfabeto português traçadas sob a forma manuscrita e sobre os traçados, colar barbante (cordão) n° 9 (Ver Apêndice IV).

Tanto na colagem do barbante (cordão) sobre o traçado das linhas como das letras deverá ser dado um nó na ponta inicial do cordão para indicar onde o aluno colocará a ponta do dedo para iniciar a exploração tátil do percurso indicado.

4) Um caderno de desenho grande para o aluno confeccionar seu "livro". O aluno deve recortar de revistas ou jornais a(s) letra(s) e fazer a colagem no caderno, for-

mando a(s) sílabas(s), palavra(s) ou frase(s) conforme as exigências das tarefas. Também deve recortar figuras que correspondam às palavras estudadas.

5) Cartões confeccionados em cartolina na cor branca, contendo letras, sílabas, palavras e frases impressas em letras manuscritas e de imprensa.

6) Outros materiais indicados no capítulo 7.

# O PROCEDIMENTO
# PARA A APLICAÇÃO DO PROGRAMA

O procedimento para a aplicação do Programa compreende três fases a saber: a) levantamento do repertório de entrada; b) treinamento rítmico do traçado de linhas retas e curvas; e, c) ensino da leitura/escrita.

## FASE I – LEVANTAMENTO DO REPERTÓRIO DE ENTRADA

Inicialmente deve-se procurar avaliar se o aluno possui no repertório comportamentos necessários para a aquisição da leitura/escrita. Isto porque, alguns estudiosos como Braslavsky (1971), Costallat (1973), Cratty (1975), Lapierre (1977), Frostig (1978), Quirós e Schrager (1979 e 1980), Cunha e Correa e Castro (1981), Johnson e Myklebust (1983), Frostig e Maslow (1984), Pain (1985), Leite (1985), Schrager (1985), Zanini (1986) e Golbert (1988), apontam aquisições no aspecto perceptivo ou no motor ou, ainda, no psicolinguístico que devem fazer parte do repertório do aluno por ocasião do início da alfabetização. Com base nesses autores devem ser planejadas atividades para avaliar esse repertório e os aspectos investigados são:

a) coordenação visual-motriz;
b) figura/fundo;
c) constância perceptual;
d) posição no espaço;
e) relação espacial;
f) análise/síntese;
g) sequência temporal;
h) discriminação visual; e
i) discriminação auditiva.

O professor, após constatar, através da avaliação, que o aluno possui o repertório considerado adequado para iniciar a aquisição da leitura e escrita, passa para a aplicação da Fase II – Treinamento rítmico do traçado de linhas retas e curvas.

Caso o aluno não possua o repertório necessário para participar do Programa, devem ser aplicados programas de ensino baseados nos itens anteriormente mencionados.

## FASE II – TREINAMENTO RÍTMICO DO TRAÇADO DE LINHAS RETAS E CURVAS

No treinamento rítmico do traçado de linhas retas e curvas, o aluno é treinado em coordenação viso-manual e rítmica envolvendo os canais sensoriais: visual, auditivo e tátil sobre dezoito posições de linhas retas e curvas. Cada uma destas posições é treinada, particularmente nos planos vertical, inclinado e horizontal. A sequência para o treinamento foi organizada de acordo com a complexidade na posição da linha (Caraciki, 1970), cuja hierarquização atende à estruturação espaço-temporal (Kephart, 1968 e Ajuriaguerra e Auzias, 1973).

Este treinamento deve ser realizado envolvendo 18 etapas, cada uma correspondendo a um tipo de linha conforme indicação contida no Apêndice I. Como se trata também, de ritmo (binário, ternário e quaternário), conforme as linhas envolvidas, o professor deve consultar as indicações contidas no Apêndice I para melhor desenvolver o treinamento.

A seguir será descrita, a título de exemplificação, o treinamento do traçado da linha vertical realizado nos três planos (vertical, inclinado e horizontal).

## 1ª ETAPA
## Treinamento do traçado da linha vertical (7 passos)

*PLANO VERTICAL*

### 1° Passo: cordão/dedo

1) Colocar o caderno de desenho grande (modelo indicado no Apêndice II) na posição vertical, formando um ângulo de 90° graus com a superfície da mesa.

2) Pegar o dedo indicador da mão preferida pelo aluno, ajudando-o a percorrer com a ponta do dedo sobre a extensão do barbante (ajuda física total), de cima para baixo. Iniciar exatamente onde existe o nó e terminar no final da extensão do barbante.

3) Falar: "Um", concomitantemente, a partir do momento em que se coloca a ponta do dedo sobre o nó existente no barbante.

4) Prolongar esta emissão ("Um...um...um...um) durante o deslocamento da ponta do dedo sobre a extensão do barbante até o final.

5) Dizer: "Dois", imediatamente, quando a ponta do dedo chegar ao final do percurso.

6) Prosseguir, ritmicamente: "Um... dois", "Um... dois", "Um... dois" (estímulo sonoro).

7) Executar 10 vezes este movimento em cada sessão.

8) Retirar gradualmente a ajuda total até que o aluno passe o dedo sobre a extensão do barbante de forma independente, ou seja, sem ajuda.

### 2° Passo: lousa/giz

1) Colocar o giz na mão preferida pelo aluno. Caso este possua muita força na mão, o professor poderá proteger o giz com palitos de picolé inclusive, envolvendo-o com fita adesiva.

2) Pegar a mão do aluno, ajudando-o a percorrer, com o giz, o traçado existente na lousa (estímulo visual) conforme indicação contida na Figura 1.

*Figura 1 – Exemplo do traçado utilizado para o treinamento da linha vertical com a aplicação da retirada gradual do estímulo (Fading-out).*

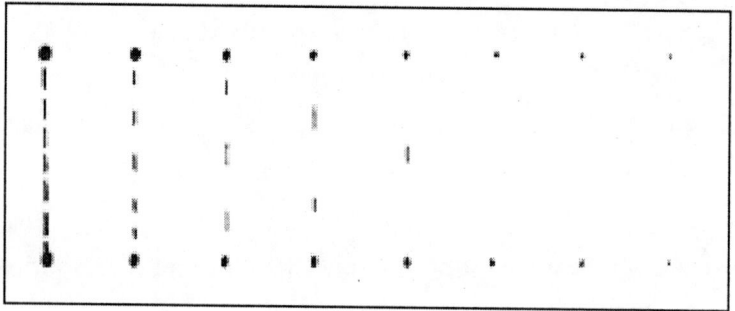

Traçar na lousa, dois pontos com o giz, um na parte superior e outro na inferior, tendo entre eles uma distância de cerca de 15 centímetros. Ligar estes dois pontos com uma linha traçada sobre a tracejada. Retirar gradualmente o tracejamento como indica a Figura 1.

3) Falar: "Um", concomitantemente, no momento em que colocar a ponta do giz sobre o ponto inicial do pontilhado.

4) Prolongar esta emissão ("Um... um... um") durante o deslocamento da ponta do giz sobre a extensão do pontilhado.

5) Verbalizar: "Dois", imediatamente quando aponta do giz chegar ao ponto final do percurso.

6) Prosseguir no treinamento seguindo o prescrito, ou seja, percorrer com a ponta do giz o tracejado de forma a atender o ritmo: "Um... dois", "Um... dois", "Um... dois".

7) Executar 10 vezes o traçado sobre o tracejado.

8) Retirar gradualmente a ajuda total (pegar na mão do aluno) até que o aluno faça o traçado sobre o tracejado de forma independente.

### 3º Passo: papel/giz de cera

1) Fixar o papel sulfite à lousa, já com tracejado conforme o indicado na Figura 1.

2) Colocar o giz de cera na mão preferida do aluno.

3) Prosseguir o treinamento conforme indicado a partir do item 3 do 2º passo.

*PLANO INCLINADO*

### 4º Passo: Cordão/dedo

1) Colocar o caderno de desenho grande (modelo indicado no Apêndice I) na posição de modo que forme um ângulo de 45º (quarenta e cinco graus) com a superfície da mesa.

2) Executar o mesmo procedimento utilizado no 1º Passo.

### 5º Passo: papel/giz de cera

1) Colocar o papel sulfite afixado sobre o caderno de desenho grande (fechado para servir de apoio).

2) Inclinar o caderno de desenho grande, com o papel sulfite afixado sobre a capa, de modo que forme um ângulo de 45º (quarenta e cinco graus) com a superfície da mesa.

3) Executar o mesmo procedimento realizado no 3º Passo.

*PLANO HORIZONTAL*

### 6º Passo: cordão/dedo

1) Colocar o caderno de desenho grande (modelo indicado no Apêndice I) sobre a superfície da mesa.

2) Realizar o procedimento indicado no 1º Passo.

### 7º Passo: papel/giz de cera

1) Colocar o papel sulfite sobre a mesa, já tracejado, conforme indicado na Figura 1.

2) Executar o mesmo procedimento indicado no 3º Passo.

Ao final da 1ª ETAPA, o aluno deverá estar apto a traçar uma linha vertical.

O professor deverá prosseguir no treinamento do Programa – Fase II, isto é, passar para a execução da 2ª ETAPA – Treinamento do Traçado da Linha Horizontal executando o mesmo procedimento utilizado na 1ª ETAPA. Contudo, deverá ter o cuidado de fazer a manutenção do traçado da linha vertical, ou seja, continuar repetindo este treinamento, nas devidas proporções, cumulativamente com execução das próximas etapas.

Sugere-se que o treinamento da FASE II seja efetivado também de forma lúdica, ou seja, através de brincadeiras. As linhas devem ser traçadas (com giz ou fita adesiva) no chão para o aluno percorrê-la, desta forma também cuidando da posição no espaço/relação espacial.

Ao concluir o treinamento da 18ª ETAPA, o professor deverá passar para a FASE III.

### FASE III – ENSINO DA LEITURA/ESCRITA

Quanto ao treinamento da leitura/escrita, o aluno é ensinado aplicando-se uma síntese dos métodos de alfabetização de marcha sintética: "parte dos menores elementos – letras, sílabas ou sons – para depois chegar à leitura", e de marcha analítica: "parte das unidades maiores – palavras, orações e contos – procedendo a decomposição deles em elementos cada vez menores, para depois reuni-los em novas palavras" (ARAÚJO, 1972, p. 15), ou seja, um ensino voltado para o fonema e para a palavra, simultaneamente com um tratamento específico junto aos canais sensoriais.

Este ensinamento deve ser realizado em 219 etapas, cada uma correspondendo a um aspecto do ensino da linguagem escrita.

## 1ª ETAPA
## Treinamento Fonético e Leitura/Escrita das Vogais

Esta etapa deverá ser desdobrada em cinco itens cada um correspondendo a uma vogal.

### 1º Item: Ensino da Vogal "a" (5 passos)

*PLANO VERTICAL*

### 1º Passo: Cordão/espuma/dedo

1) Colocar o cordão contendo a letra "a" confeccionada em "espuma" (conforme modelo indicado no Apêndice III) na posição vertical (90º com a superfície da mesa)

2) Colocar, igualmente, o caderno de desenho grande (modelo contido no Apêndice IV) também na posição vertical.

3) Pegar o dedo indicador da mão preferida pelo aluno, ajudando-o a passar a ponta do dedo ora sobre a superfície do traçado da letra "a" confeccionada na "espuma", ora sobre o cordão, alternativamente, cerca de 15 vezes (estímulo visual-tátil-cinestésico), em cada sessão, de forma lúdica.

4) Falar, concomitantemente, o som da vogal "a" (movimento do aparelho fonador – estímulo visual – cines-

tésico; som – estímulo auditivo) e solicitar ao aluno que fale também o som desta vogal durante o deslocamento da ponta do dedo sobre a superfície do traçado da letra. Ter o cuidado para falar exatamente "a". Isto porque o professor geralmente fala artigo "o" e depois "a". Conseqüentemente, o aluno ouve para a grafia da vogal "a" o seguinte som "ua", ou seja, há uma aglutinação sonora do artigo "o" com a vogal "a". Então ele faz a correspondência imediata: diante da grafia da vogal "a" ela fala "ua". Isto deve ser observado também para o ensino das outras vogais.

5) Retirar estes estímulos gradualmente, inclusive a ajuda de pegar no dedo até que o aluno faça o traçado de forma independente.

## 2º Passo: lousa/giz

1) Colocar o giz na mão preferida pelo aluno.
2) Pegar a mão preferida pelo aluno, ajudando-o a percorrer, com o giz, o tracejado da vogal "a" existente na lousa conforme indicação contida na Figura 2.

*Figura 2 – Exemplo do tracejado para o treinamento da grafia da vogal "a" com a retirada gradual da ajuda (estímulo visual) pelo procedimento de fading-out; tracejar na lousa a vogal "a" com cerca de 10 centímetros de altura por sete centímetros de largura.*

3) Falar e solicitar que o aluno fale, concomitantemente, o som da vogal "a" durante o deslocamento da ponta do giz sobre o tracejado.

4 – Repetir cerca de 15 vezes por sessão.

5 – Retirar, gradualmente, a ajuda até que o aluno execute o traçado sobre o tracejado de forma independente.

*PLANO INCLINADO*

### 3º Passo: cordão/espuma/dedo

1) Colocar o cartão contendo a letra "a" confeccionada em "espuma"(conforme modelo indicado no Apêndice III de modo a formar um ângulo de 45º (quarenta e cinco graus) com a superfície da mesa.

2) Colocar, igualmente, o caderno de desenho grande (modelo contido no Apêndice IV) também na posição vertical.

3) Executar o procedimento indicado no 1º Passo.

**PLANO HORIZONTAL**

### 4º Passo: cordão/espuma/dedo

1) Colocar o cartão contendo a letra "a" confeccionada em "espuma" sobre a superfície da mesa.

2) Colocar, também, o caderno de desenho grande sobre a superfície da mesa.

3) Realizar o procedimento indicado no 1º Passo.

### 5º Passo: papel/ giz de cera ou lápis

1) Colocar o papel sulfite sobre a mesa.

2) Colocar o giz de cera ou lápis grafite na mão preferida pelo aluno.

3) Pegar a mão do aluno, ajudando-o a percorrer com o lápis, o tracejado da vogal "a" conforme indicação contida na Figura 2.

4) Executar o mesmo procedimento indicado no 2º Passo.

Embora o ensino realizado favoreça a aquisição da leitura/escrita da vogal "a", ainda deve-se seguir o ensino desta vogal aplicando as TAREFAS COMPLEMENTARES, indicadas a seguir.

## TAREFAS COMPLEMENTARES

1) Ligação da vogal "a" com a correspondente, através de um traço.

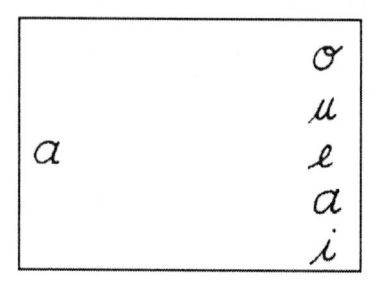

```
              o
              u
  a           e
              a
              i
```

*Observação: Alternar cinco vezes a posição da vogal "a", na coluna da direita, a fim de garantir a identificação da grafia da referida vogal, conforme as alternativas indicadas a seguir.*

| | | | |
|---|---|---|---|
| a | u<br>a<br>e<br>i<br>o | a | i<br>e<br>a<br>o<br>u |
| a | e<br>i<br>u<br>o<br>a | a | a<br>i<br>o<br>u<br>e |

Devido a não utilização da "cartilha" o aluno deverá confeccionar seu "livro" (caderno de desenho grande). Deverá grafar a vogal "a" no tipo de letra manuscrita (maiúscula e minúscula) e, na mesma página, colar os outros tipos de letra (imprensa – maiúscula e minúscula e caixa alta), conforme indicação contida na Figura 3.

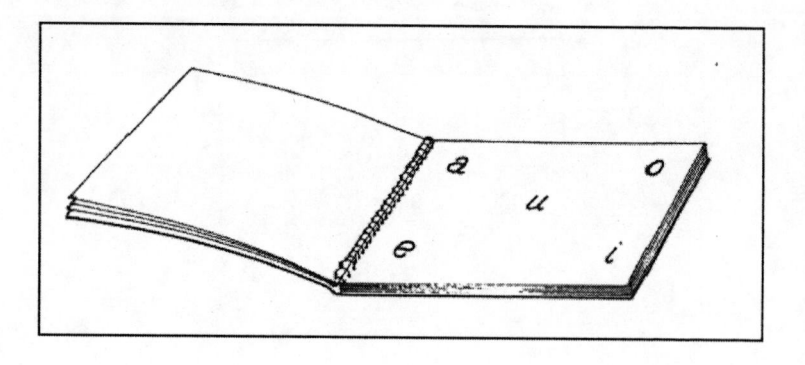

*Figura 3 – Exemplo de como o "livro" do aluno deverá ser confeccionado.*

Deverá ser aplicado procedimento semelhante com letra de imprensa (minúscula) conforme o exemplo a seguir.

| | | | |
|---|---|---|---|
| a | u<br>a<br>e<br>i<br>o | a | i<br>e<br>a<br>o<br>u |
| a | e<br>i<br>u<br>o<br>a | a | a<br>i<br>o<br>u<br>e |

Fazer as alternativas conforme sugestão dada na letra manuscrita minúscula.

Realizar o mesmo procedimento utilizando todas as ligações possíveis de todos os tipos de letras:

a) manuscrita minúscula X manuscrita minúscula

b) manuscrita minúscula X manuscrita maiúscula

c) manuscrita maiúscula X manuscrita minúscula

d) manuscrita maiúscula X manuscrita maiúscula

e) imprensa minúscula X imprensa minúscula

f) imprensa maiúscula X imprensa maiúscula

g) imprensa maiúscula X imprensa minúscula

h) imprensa minúscula X imprensa maiúscula

i) manuscrita minúscula X imprensa minúscula
j) imprensa minúscula X manuscrita minúscula
l) manuscrita maiúscula X imprensa maiúscula
m) imprensa maiúscula X manuscrita maiúscula
n) manuscrita maiúscula X imprensa minúscula
o) imprensa minúscula X manuscrita maiúscula
p) manuscrita minúscula X imprensa maiúscula
q) imprensa maiúscula X manuscrita minúscula

## 2) Identificação da vogal "a"

- Colocar cinco cartões confeccionados em cartolina branca (10x8cm) sobre a mesa. Cada cartão deve conter uma vogal grafada com caneta hidrográfica na cor vermelha, proporcional ao tamanho do cartão.
- Dispor os cartões conforme a sequência indicada

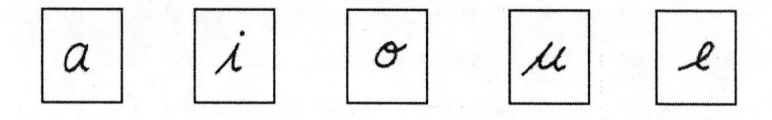

| $a$ | $i$ | $o$ | $u$ | $e$ |
|---|---|---|---|---|

- Solicitar para o aluno: "Pegue o cartão com a letra "a".
- Alternar quatro vezes as disposições dos cartões de modo que a vogal "a" ocupe localizações diferentes na sequência das vogais. Isto garante que o aluno identifique a vogal sem estar controlado pela localização.

| u | a | i | e | o |
|---|---|---|---|---|
| o | e | u | i | a |
| e | u | a | o | i |
| i | e | u | a | o |

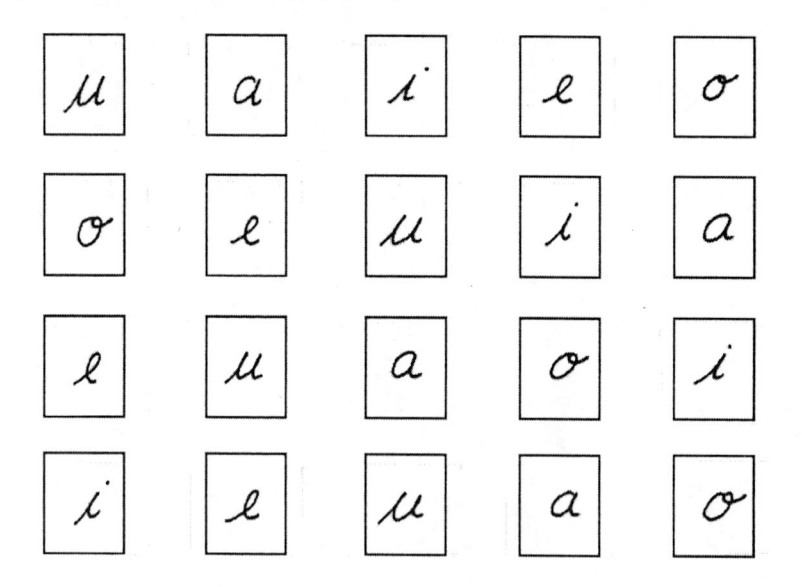

Nesta tarefa, apesar de ser ensinada apenas a vogal "a", são colocadas as outras vogais para que o aluno identifique-a entre símbolos desconhecidos (demais vogais). Deste modo o aluno estará aplicando o aspecto perceptual de "figura-fundo", ou seja, "a" passa a ser "figura" (estímulo selecionado) e, as outras vogais, "fundo".

Aplicar o mesmo procedimento utilizando todas as alternativas de tipos de letras.

3) **Grafia da vogal "a" copiando do modelo.**
- Utilizar o mesmo cartão da tarefa 2.
- Aplicar esta tarefa sob duas formas:
a) colocar o cartão afixado na lousa e solicitar ao aluno que faça a cópia (transposição do estímulo gráfico do plano vertical para o plano horizontal); e,

b) colocar o cartão sobre a mesa e solicitar ao aluno que faça a cópia (transposição do estímulo gráfico do plano horizontal para o plano horizontal (caderno).
- Solicitar ao aluno que faça a cópia cinco vezes em cada sessão.

O professor poderá utilizar o exemplo contido a seguir, caso o aluno ainda apresente dificuldades para grafar copiando do modelo.

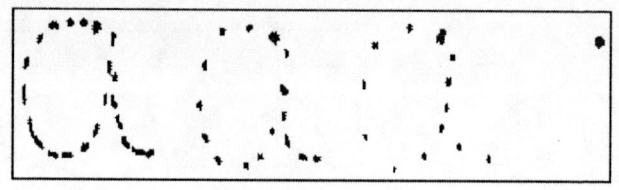

Aplicar o mesmo procedimento utilizando a letra de imprensa e solicitando ao aluno que realize a grafia em letra manuscrita.

4) **Grafia da vogal "a" após ouvir o som desta vogal.**
- Colocar sobre a mesa papel sulfite, giz de cera ou lápis grafite.
- Dizer para o aluno: "Vou falar e você vai escrever".
- Falar: "a", emitindo-a durante cerca de cinco segundos e solicitar ao aluno para grafá-la.
- Repetir cerca de cinco vezes por sessão.

5) **Marcação, através de um círculo, da vogal "a" nas palavras grafadas a seguir**

　　　　abacate　　abacaxi　　maçã　　banana

*Observação: Aplicar esta tarefa com o nome dos colegas e também utilizar todos os tipos de letras.*

Após a execução destas tarefas conclui-se que o aluno executou atividades envolvendo:

a) escrita (formal):

- grafar copiando do modelo (cartão-estímulo gráfico)
- grafar após ouvir o som (estímulo sonoro)

b) leitura

- identificar nos cartões (estímulo gráfico)

**2º Item: Treinamento da vogal "o"**

Seguir o mesmo procedimento utilizado para o ensino da vogal "a" em cinco passos, envolvendo as estimulações visuais (grafia), auditivas (som-fonema), táteis ("espuma"– cordão) e cinestésicas (movimento da mão para a grafia da letra e movimento do aparelho fonador), nos três planos (vertical – dois passos, inclinado – um passo e horizontal – dois passos) até a aplicação das TAREFAS COMPLEMENTARES com a inserção de outras tarefas.

## TAREFAS COMPLEMENTARES

1) Ligação da vogal "o" com a correspondente, através de um traço.

- Aplicar o mesmo procedimento utilizado para a Tarefa 1 para o ensino da vogal "a".

2) Ligação das vogais da coluna da esquerda, através de um traço, com a correspondente na coluna da direita.

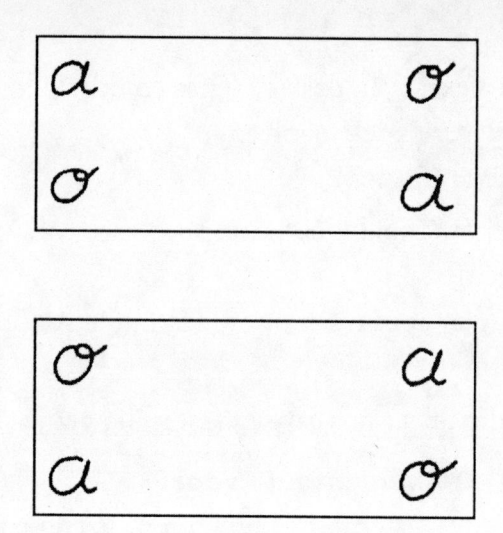

*Observação: Aplicar as alternativas tanto na localização das letras como nos tipos, executando cerca de cinco vezes por sessão.*

3) **Identificação da vogal "o".**
   - Usar o mesmo procedimento da vogal "a".

4) **Nomeação das vogais apresentadas.**
   - Usar os cartões anteriormente descritos.
   - Colocar os cartões na seguinte disposição
   - Apontar ora para um ora para o outro cartão e solicitar: "Leia".
   - Alternar a localização dos cartões.

- Solicitar ao aluno: "Leia", apontando, ora para um ora para o outro cartão.
- Aplicar o mesmo procedimento utilizando todos os outros tipos de letras.

5) **Grafia da vogal "o" copiando do modelo**
   - Aplicar o mesmo procedimento utilizado na tarefa 3 do Treinamento da vogal "a".

6) **Grafia das vogais "o" e "a" copiando do modelo.**
   - Aplicar o mesmo procedimento utilizado na Tarefa 3 do Treinamento da vogal "a".
   - Alternar as localizações das vogais.

7) **Grafia da vogal "o" após ouvir o som desta vogal.**
   - Aplicar o mesmo procedimento utilizado na tarefa 4 do Treinamento da vogal "a".

8) **Grafia das vogais "a" e "o" após ouvir os sons destas vogais.**
   - Aplicar o mesmo procedimento utilizado na tarefa 4 do Treinamento da vogal "a".
   - Alternar a ordem da emissão.

9) **Marcação com círculo da vogal "o" nas palavras grafadas a seguir**

   bola    carro    avião    boneca

10) **Marcação com círculo da vogal "o" com o lápis azul e da vogal "a" com o lápis vermelho nas palavras grafadas a seguir.**

    caderno    estojo    caneta

### 3° Item: Ensino da vogal "u".

Aplicar o mesmo procedimento utilizado no Ensino da vogal "a" e no da vogal "o", acrescentando outras tarefas alternativas compatíveis como:

1) Nomeação da vogal oculta

- Colocar os cartões dispostos sobre a mesa.
- Solicitar ao aluno que leia, à medida que for apontando.
- Solicitar ao aluno que feche os olhos.
- Ocultar um dos cartões (com a vogal inscrita) expostos.
- Solicitar ao aluno que abra os olhos.
- Solicitar ao aluno que nomeie a vogal que está oculta.
- Alternar a localização dos cartões e aplicar o mesmo procedimento.

### 4° Item: Ensino da vogal "e".

Aplicar o mesmo procedimento utilizado no Ensino da vogal "a", no da vogal "o" e no da vogal "u".

### 5° Item: Ensino da vogal "i".

Utilizar o mesmo procedimento aplicado nas outras vogais.

## 2ª ETAPA

Ensino da Leitura/Escrita de Palavras Formadas pelas Vogais e Semivogais: "ai", "au", "eu", "ui", "oi".

Esta etapa deverá ser desdobrada em cinco itens (ou mais) cada um correspondendo às palavras formadas pelas vogais e semivogais (a autora está considerando as semivogais do Português fonemas).

Nesta 2ª ETAPA não é necessário utilizar o ensinamento com os cartões contendo as letras em "espuma" e nem o caderno de desenho grande com a letra confeccionada em barbante (cordão) porque o aluno praticamente já sabe grafar as vogais.

**1º Item: Ensino da Leitura/Escrita da Palavra "ai".**

Aplicar o procedimento para realização da síntese visual (gráfica) e auditiva (sonora).

- Colocar os cartões, contendo as vogais grafadas, sobre a mesa, em qualquer sequência.

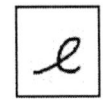

| o | u | e | a | i |

- Solicitar ao aluno: "Leia" e apontar cada cartão de per si.
- Falar em seguida: "Pegue o cartão com a letra "a" e coloque-o aqui", apontando o local adequado (ângulo esquerdo superior da mesa).

| a |

- Dizer em seguida: "Pegue o cartão com a letra 'i' e coloque-o aqui", apontando o local adequado (ângulo direito superior da mesa), conforme modelo indicado a seguir:

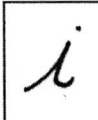

| i |

- Retirar os outros cartões (e, u, o).
- Apontar para o cartão localizado no lado esquerdo e solicitar ao aluno: "Leia".

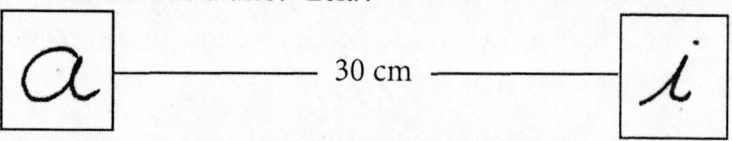

$$\boxed{a} \text{————— 30 cm —————} \boxed{i}$$

- Apontar, imediatamente, para o cartão localizado à direita e solicitar ao aluno "Leia".
- Aproximar, gradualmente, os cartões como indica o esquema a seguir:

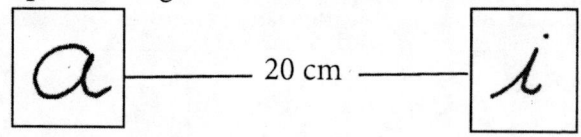

$$\boxed{a} \text{——— 20 cm ———} \boxed{i}$$

- Apontar, ora para um, ora para o outro cartão, solicitando ao aluno: "Leia".

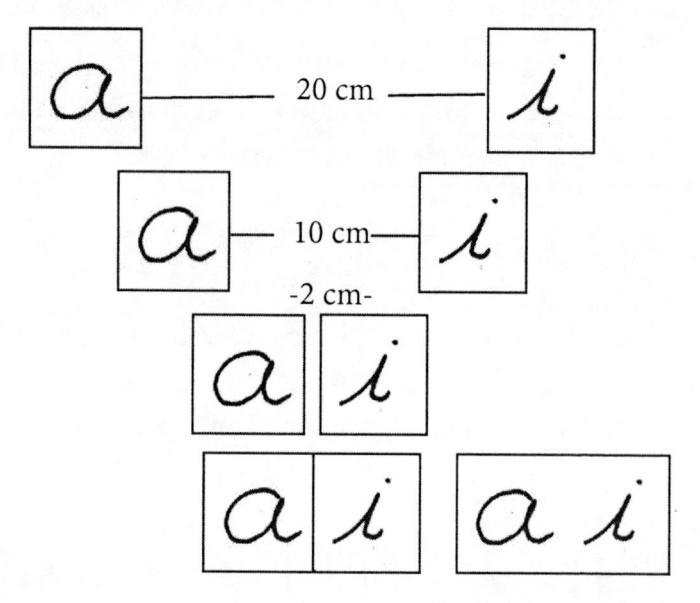

$$\boxed{a} \text{——— 20 cm ———} \boxed{i}$$

$$\boxed{a} \text{— 10 cm —} \boxed{i}$$

-2 cm-

$$\boxed{a\,|\,i}$$

$$\boxed{a\,|\,i} \quad \boxed{a\ i}$$

- Apresentar, no final, o cartão com a palavra "ai".
- Repetir cinco vezes o procedimento de forma lúdica por sessão.
- Com a execução deste procedimento o aluno realizou a síntese gráfica e sonora.
- Perguntar ao aluno: "Você sabe o que leu?" e conforme a resposta, indagar: "O que é 'ai'?"
- Confeccionar a próxima folha do livro: figura indicando "ai" e a grafia da palavra "ai" em todos os tipos de letras.

Seguir o ensino desta palavra aplicando as TAREFAS COMPLEMENTARES

## TAREFAS COMPLEMENTARES

1) **Ligação da palavra "ai" com a correspondente, através de um traço.**

- Usar o papel sulfite com as palavras grafadas com caneta hidrográfica na côr vermelha, conforme o modelo a seguir.

| ai | ou |
|    | eu |
|    | ai |

- Falar: "Ligue 'ai' com 'ai' ".
- Repetir cinco vezes por sessão.

*Observações:*
- Alternar cinco vezes a posição das palavras, na coluna da direita, a fim de garantir a identificação da grafia da referida palavra.

- Aplicar o mesmo procedimento utilizando todos os tipos de letras.
2) Ligação da figura representando "ai", através de um traço, com a palavra correspondente.

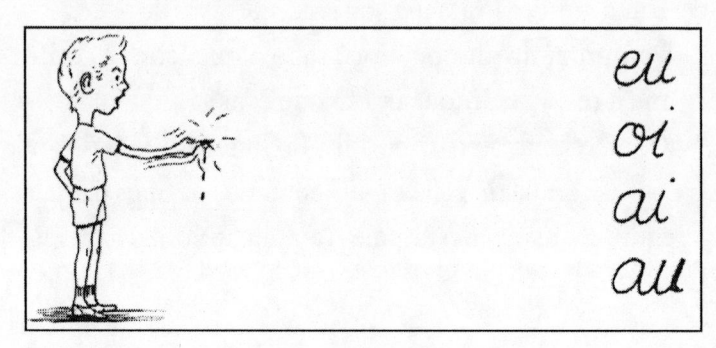

*eu*
*oi*
*ai*
*au*

*Observações:*
- Alternar a localização das palavras grafadas na coluna da direita.

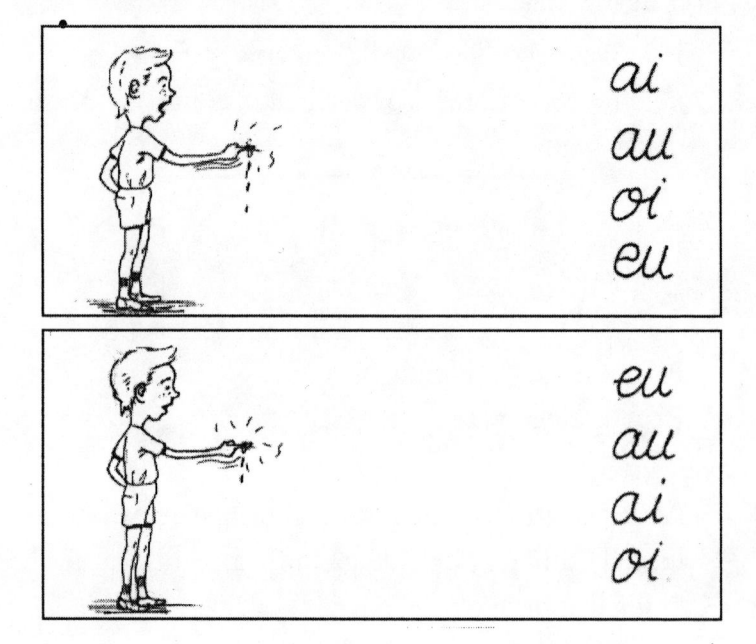

*ai*
*au*
*oi*
*eu*

*eu*
*au*
*ai*
*oi*

- Aplicar o mesmo procedimento utilizando todos os tipos de letras.

O professor deve observar que a tarefa 2 é de execução mais complexa do que a tarefa 1. Enquanto esta expõe o mesmo tipo de estímulo gráfico (escrita semelhante), aquela expõe estímulos gráficos diferentes (desenho e escrita) exigindo do aluno atenção visual mais complexa.

3) **Identificação da palavra "ai".**

- Colocar sobre a mesa três cartões conforme a disposição indicada a seguir:

| *ai* | *eu* | *ou* |

- Solicitar ao aluno: "Mostre o cartão que contém 'ai'".
- Alternar a localização dos cartões.
- Pedir, novamente ao aluno: "Mostre o cartão que contém 'ai' ".
- Repetir cinco vezes o mesmo procedimento.

*Observação: Aplicar o procedimento utilizando todos os tipos de letras.*

4) **Grafia da palavra "ai" copiando do modelo.**

- Aplicar o mesmo procedimento utilizado na Tarefa 3 do Treinamento da vogal "a".

5) **Grafia da palavra "ai" e das vogais "a", "o", "u", "e", e "i", copiando do modelo.**

- Executar o mesmo procedimento utilizado na tarefa 3 do Treinamento da vogal "a".
- Alternar as localizações dos cartões.

- Utilizar todos os tipos de letras
6) **Grafia da palavra "ai" após ouvir o som desta palavra.**

    - Executar o mesmo procedimento utilizado na tarefa 4 do Treinamento da vogal "a".
7) **Grafia da palavra "ai" e das vogais "a", "o", "u", "e" e "i" após ouvir os respectivos sons.**

    - Aplicar o mesmo procedimento utilizado na tarefa 4 do Treinamento da vogal "a".
8) **Grafia da palavra "ai" abaixo da figura indicativa, conforme sugestão indicada a seguir.**

9) Desenho da figura correspondente, abaixo da palavra "ai", conforme sugestão indicada a seguir:

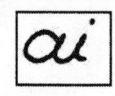

*Observação: Aplicar o mesmo procedimento com outros tipos de letras.*

10) Nomeação do cartão conforme indicação.

- Colocar os cartões sobre a mesa conforme disposição indicada a seguir:

| *ai* | *a* | *o* | *u* | *e* | *i* |

- Apontar para cada cartão e solicitar ao aluno: "Leia".
- Repetir a tarefa 5 vezes

*Observações:*
- Alternar a localização dos cartões.
- Utilizar cartões com outros tipos de letras

11) Nomeação do cartão oculto.

- Aplicar o mesmo procedimento descrito na tarefa 1 do Treinamento da vogal "u".

## 2º Item: Ensino da Leitura/Escrita da Palavra "au"

Aplicar o mesmo procedimento utilizado para a realização da síntese visual (gráfica) e auditiva (sonora) do Treinamento da Leitura/Escrita da Palavra "ai".

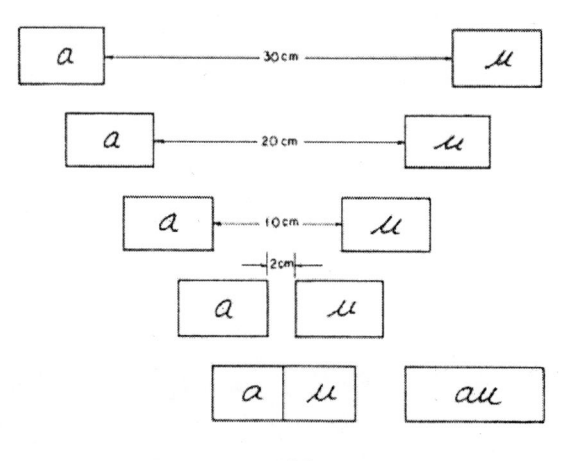

Em seguida aplicar as tarefas complementares conforme indicação a seguir.

## TAREFAS COMPLEMENTARES

1) Ligação da palavra "au" com a correspondente, através de um traço.

- Aplicar o mesmo procedimento utilizado na Tarefa 1 do Ensino da Leitura/Escrita da Palavra "ai".

| au | oi eu au ai |
|---|---|

| au | ai eu oi au |
|---|---|

| au | au eu oi ai |
|---|---|

2) Ligação das palavras "au" e "ai" da coluna da esquerda, através de um traço, com a correspondente na coluna da direita.

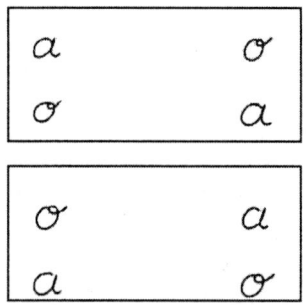

| a | o |
|---|---|
| o | a |

| o | a |
|---|---|
| a | o |

*Observação: Aplicar as alternativas tanto na localização das palavras como nos tipos de letras, executando cinco vezes em cada sessão.*

3) Ligação da figura representando "au" com a palavra correspondente, através de um traço.

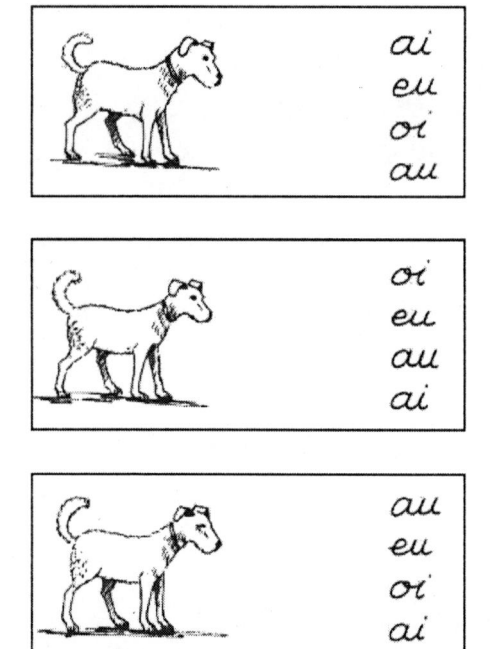

ai
eu
oi
au

oi
eu
au
ai

au
eu
oi
ai

- Aplicar procedimento semelhante ao utilizado na tarefa 2 do Ensino da Leitura/Escrita da Palavra "ai".

4) Ligação das figuras "au" e "ai", através de um traço, com as palavras correspondentes, conforme exemplo indicado a seguir
   - Alternar a localização das figuras e das palavras para evitar que a variável localização controle a resposta do aluno.
   - Repetir cinco vezes, de forma lúdica, por sessão as alternativas propostas.
5) Ligação das palavras "au" e "ai", através de um traço, com as figuras correspondentes.
   - Aplicar o mesmo procedimento utilizado na tarefa 4.
6) Identificação da palavra "au".
   - Aplicar o mesmo procedimento utilizado na tarefa 3 do Ensino da Leitura/Escrita da Palavra "ai".
7) Identificação das palavras "au" e "ai".
   - Aplicar o mesmo procedimento utilizado na tarefa 6.
8) Nomeação das palavras "au" e "ai".
   - Aplicar o procedimento semelhante utilizado na tarefa 10 do Ensino da Leitura/Escrita da Palavra "ai".
9) Grafia da palavra "au" copiando do modelo.
   - Aplicar o mesmo procedimento utilizado na tarefa 3 do Ensino da vogal "a".
10) Grafia das palavras "au" e "ai" copiando do modelo.
    - Executar o mesmo procedimento aplicado na tarefa 3 do Ensino da vogal "a".
11) Grafia da palavra "au" após ouvir a verbalização desta palavra.

- Utilizar o mesmo procedimento aplicado na tarefa 4 do Ensino da vogal "a".

12) Grafia das palavras "au" e "ai" após ouvir a verbalização destas palavras.
- Aplicar o mesmo procedimento utilizado na tarefa 4 do Ensino da vogal "a".

13) Colocação do cartão, contendo a palavra grafada, sobre o cartão contendo a figura correspondente, conforme sugestão indicada a seguir:

*Observação: Utilizar todos os tipos de letras.*

14) Colocação do cartão, contendo a figura, sobre o cartão contendo a palavra correspondente.

15) Grafia da palavra "au" abaixo da figura correspondente.

16) Grafia das palavras "au" e "ai" abaixo das respectivas figuras.

17) Desenho da figura correspondente, abaixo da palavra "au".

18) Desenho das figuras correspondentes abaixo das respectivas palavras "au" e "ai".

19) Nomeação das palavras "ai" e "au" e das vogais ocultas.

*Observação: Continuar a confecção do "livro" conforme exemplificação contida a seguir.*

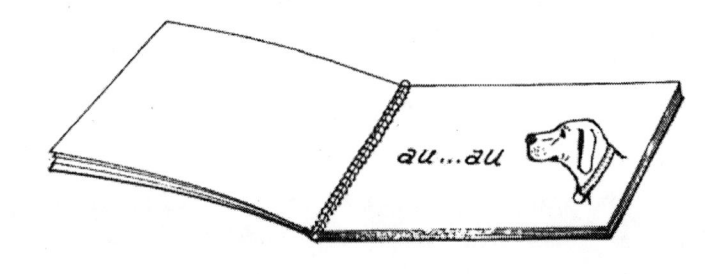

**3° Item: Ensino da Leitura/Escrita da Palavra "eu"**
Aplicar o mesmo procedimento utilizado no Ensino da Leitura/Escrita da Palavra "ai" e no da Palavra "au", inserindo outras tarefas alternativas compatíveis ao caso.

**4° Item: Ensino da Leitura/Escrita da Palavra "ui"**
Executar o mesmo procedimento utilizado no Ensino do item anterior.

**5° Item: Ensino da Leitura/Escrita da Palavra "oi"**
*Observação: Continuar a confecção do livro conforme sugestão indicada a seguir:*

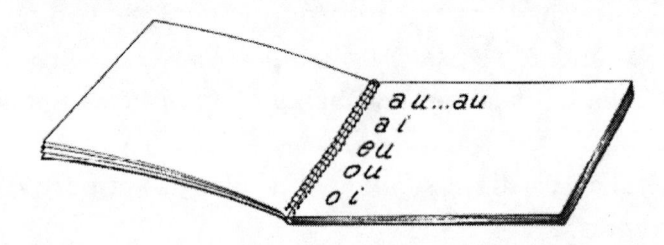

Utilizar procedimento semelhante ao aplicado no Ensino da Leitura/Escrita das outras palavras (ai, au, eu e oi).

As palavras "ai", "au", "eu", "oi" e "ui" foram utilizadas porque são facilmente contextualizadas: "Como é que o cachorro faz?" "Quem faz au...au?"

## 3ª ETAPA
### Ensino fonético e do grafema "p"

**PLANO VERTICAL**

**1° Passo: Cordão/espuma/dedo**

1) Colocar o cartão contendo a letra "p" confeccionada em "espuma" (conforme modelo indicado no Apêndice III) na posição vertical (90° com a superfície da mesa).

2) Colocar, também, o caderno de desenho grande (modelo contido no Apêndice IV) na posição vertical.

3) Pegar o dedo indicador da mão preferida pelo aluno, ajudando-o a passar a ponta do dedo ora sobre a superfície do traçado da letra "p" confeccionada em "espuma"ora sobre o cordão, alternativamente, cerca de 15 vezes (estímulo visual-tátil-cinestésico) em cada sessão, de forma lúdica.

4) Emitir, concomitantemente, o fonema /p/ (som) e solicitar ao aluno que também faça a emissão durante o deslocamento da ponta do dedo do aluno sobre a superfície do traçado da letra.

- Retirar estes estímulos gradualmente, inclusive a ajuda de pegar no dedo até que o aluno o faça de forma independente.

### 2º Passo: lousa/giz

1) Colocar o giz na mão preferida pelo aluno.

2) Pegar a mão preferida pelo aluno, ajudando-o a percorrer, com o giz, o tracejado da letra "p" existente na lousa conforme indicação contida na Figura 4.

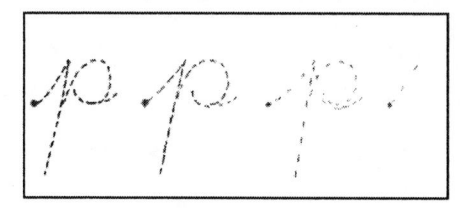

*Figura 4 – Exemplo do tracejado utilizado para o treinamento de "p" com a retirada gradual da ajuda (estímulo visual) pelo procedimento de fading-out.*

Tracejar, na lousa, a letra "p" com cerca de 16 centímetros de altura por 10 centímetros de largura.

3) Emitir e solicitar que o aluno emita, concomitantemente, o fonema /p/ durante o deslocamento da ponta do giz sobre o tracejado.

4) Repetir 15 vezes por sessão.

5) Retirar gradualmente, a ajuda até que o aluno execute o tracejado de forma independente.

**PLANO INCLINADO**

### 3º Passo: Cordão/espuma/dedo

1) Colocar o cartão contendo a letra "p" confeccionada em "espuma" de modo a formar um ângulo de 45º (quarenta e cinco graus) com a superfície da mesa.

2) Colocar, igualmente, o caderno de desenho grande, também, na posição vertical.

3) Executar o procedimento indicado no 1º Passo.

**PLANO HORIZONTAL**

### 4º Passo: Cordão/espuma/dedo

1) Colocar o cartão contendo a letra "p" confeccionada em espuma sobre a superfície da mesa.

2) Colocar, também, o caderno de desenho grande sobre a superfície da mesa.

3) Realizar o procedimento indicado no 1º Passo.

**5º Passo: papel/giz de cera ou lápis**

1) Colocar o papel sulfite sobre a mesa.
2) Colocar o giz de cera ou lápis grafite na mão preferida pelo aluno.
3) Pegar a mão do aluno, ajudando-o a percorrer com o lápis, o tracejado da letra "p" conforme indicação contida na Figura 4.
4) Executar o mesmo procedimento indicado no 2º Passo.

O treinamento realizado favoreceu a aquisição do traçado da letra "p" e seu respectivo som (fonema).

A seguir, na 4a. Etapa, será realizado o treinamento envolvendo palavras grafadas com vogais (e semivogais) e a consoante /p/.

## 4ª ETAPA

Leitura/Escrita de Palavras, Retiradas do Contexto, Formadas pelos Grafemas que Representam as Vogais e Semivogais e a Consoante / p/

Considerar que as palavras "pá", "papai", "pé", "pia", "pó", e "pipa" serão tomadas como exemplo a fim de que o procedimento seja explicado concretamente. Entretanto, o professor poderá utilizar outras palavras respeitando, contudo a sequência fonética e a inserção de, apenas, um elemento novo ou desconhecido (letra/fonema) de cada vez, conforme anteriormente mencionado.

## 1º Item: Ensino da Leitura/Escrita da Palavra "pá"

### TAREFAS COMPLEMENTARES

1) Grafia da palavra "pá", acompanhando o pontilhado, conforme o exemplo indicado a seguir:

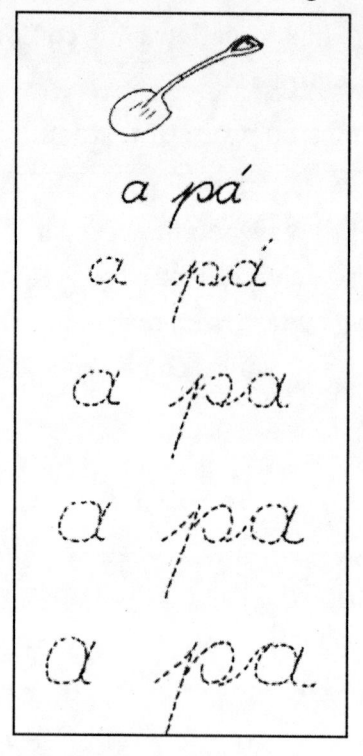

2) Grafia da palavra "pá" copiando do modelo.
   - Utilizar o mesmo procedimento aplicado na tarefa 3 do Ensino da Vogal "a".
3) Grafia da palavra "pá" após ouvir a sua pronúncia.
   - Aplicar o mesmo procedimento utilizado na tarefa 4 do Ensino da Vogal "a"

4) Ligação da palavra "pá" com a correspondente, através de um traço.

- Aplicar o mesmo procedimento utilizado na tarefa 1 do Ensino da palavra "ai".

| pá | pia<br>papai<br>pá<br>pé | pá | pé<br>pá<br>papai<br>pia |
|---|---|---|---|
| pá | pá<br>pia<br>pé<br>papai | pá | papai<br>pé<br>pia<br>pá |

5) Ligação da figura representando uma "pá" com a palavra correspondente, através de um traço.

- Executar procedimento semelhante ao utilizado na tarefa 2 do Ensino da Leitura/Escrita da palavra "ai".

6) Ligação das palavras grafadas na coluna da esquerda ("eu", "au", "pá") com a correspondente ("pá", "eu", "au") na coluna da direita, através de um traço.
   • Utilizar o mesmo procedimento aplicado na tarefa 2 do Ensino da Leitura/Escrita da palavra "au".

| eu | pá | | eu | au |
|----|----|---|----|----|
| au | eu | | pá | eu |
| pá | au | | au | pá |

| pá | eu |
|----|----|
| eu | pá |
| au | au |

7) Ligação das figuras ("eu", "au", "pá") com a palavra correspondente na coluna da direita, através de um traço.
   • Aplicar o procedimento semelhante ao utilizado na tarefa 4 do Ensino da Leitura/Escrita da palavra "au".

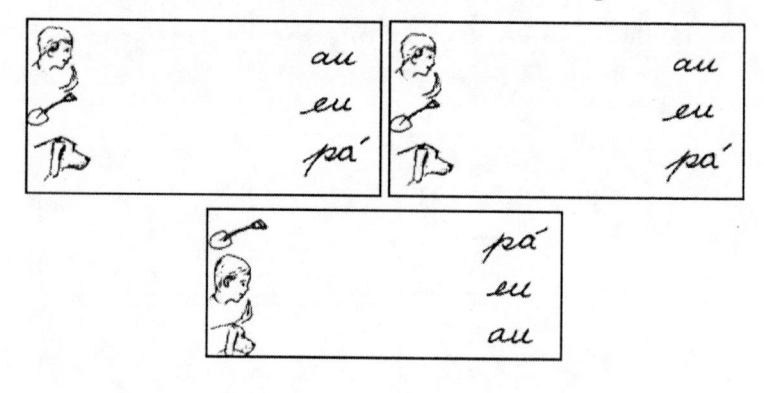

8) Ligação das palavras "au", "eu", "pá", através de um traço, com as figuras correspondentes.
   • Executar o mesmo procedimento utilizado na tarefa 7.

9) Nomeação das palavras "pá", "eu", "ai".
   - Utilizar o mesmo procedimento aplicado na tarefa 10 do Ensino da Leitura/Escrita da Palavra "ai".
10) Identificação da palavra "pá ".
    - Aplicar o procedimento semelhante ao utilizado na tarefa 3 do Ensino da Leitura/Escrita da Palavra "ai".
11) Grafia da palavra "pá" abaixo da figura correspondente.
12) Desenho da figura correspondente, abaixo da palavra "pá".
13) Colocação do cartão contendo a palavra grafada, sobre o cartão contendo a figura correspondente.
14) Colocação do cartão contendo a figura sobre o cartão contendo a palavra correspondente.
15) Completação da palavra "pá".

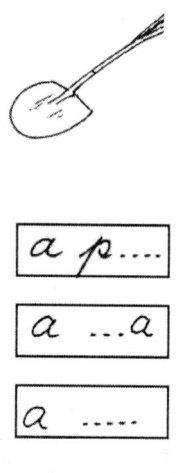

| a p.... |
| a ...a |
| a ..... |

16) Nomeação da palavra oculta.

**2º Item: Ensino da Leitura/Escrita da palavra "papai".**

## TAREFAS COMPLEMENTARES

1) Grafia da palavra "papai", acompanhando o pontilhado, conforme o exemplo indicado a seguir:

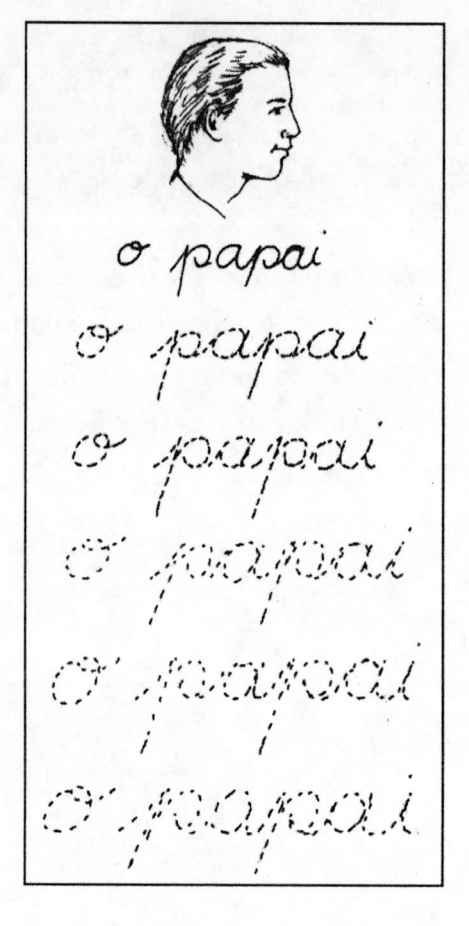

2) Grafia da palavra "papai" copiando do modelo.
3) Grafia das palavras "papai" e "pá", copiando do modelo.

4) Grafia da palavra "papai" após ouvir a sua pronúncia.
5) Grafia das palavras "papai" e "pá" após ouvir suas respectivas pronúncias.
6) Ligação da palavra "papai" com a correspondente, através de um traço.

7) Ligação das palavras "papai" e "pá" da coluna da esquerda, com a correspondente, da coluna da direita, através de um traço.

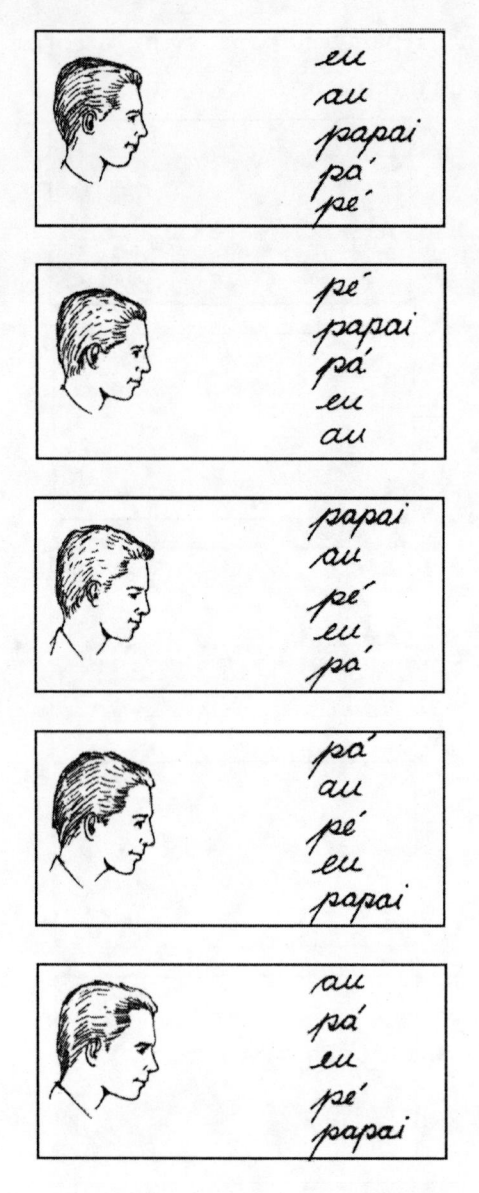

| | |
|---|---|
| (rosto) | eu / au / papai / pá / pé |
| (rosto) | pé / papai / pá / eu / au |
| (rosto) | papai / au / pé / eu / pá |
| (rosto) | pá / au / pé / eu / papai |
| (rosto) | au / pá / eu / pé / papai |

8) Ligação da figura representando a figura do "papai" com a palavra correspondente através de um traço.
9) Ligação das figuras ("papai" e "pá") com as palavras correspondentes na coluna da direita, através de um traço.
10) Nomeação das palavras "papai" e "pá".
11) Identificação da palavra "papai".
12) Grafia da palavra "papai" abaixo da figura.
13) Grafia das palavras "papai" e "pá" abaixo das respectivas figuras.
14) Desenho da figura correspondente, abaixo da palavra "papai".
15) Desenho das figuras correspondentes, abaixo das respectivas palavras "papai" e "pá".
16) Colocação do cartão contendo a palavra grafada sobre o cartão com a figura correspondente.
17) Colocação do cartão contendo a figura sobre o cartão contendo a palavra correspondente.
18) Completação da palavra "papai".

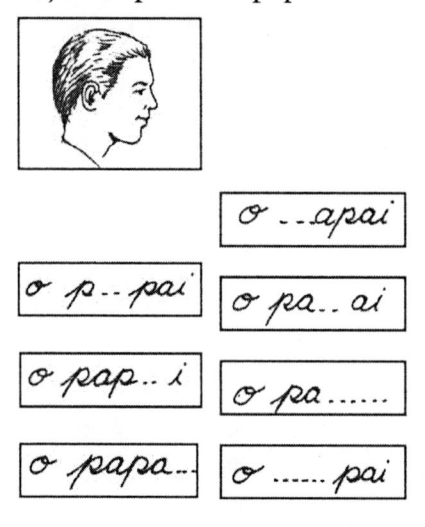

o ...apai

o p--pai     o pa--ai

o pap--i     o pa......

o papa--     o ......pai

19) Nomeação da palavra oculta.

Observação: Continuar a confecção do livro conforme o exemplo a seguir.

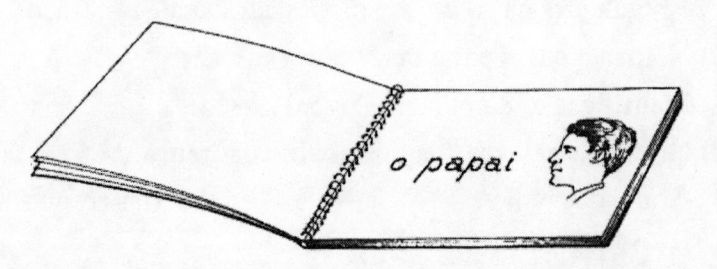

### 3º Item: Ensino da Leitura/Escrita da Palavra "pé"

Aplicar procedimento semelhante ao utilizado no Ensino da Leitura/Escrita da Palavra "pá" e no da Palavra "papai", acrescentando outras tarefas.

### 4º Item: Ensino da Leitura/Escrita da Palavra "pia"

Continuar utilizando o mesmo procedimento executado no item anterior.

### 5º Item: Ensino da Leitura/Escrita da Palavra "pó"

Executar o mesmo procedimento utilizado no item anterior.

### 6º Item: Ensino da Leitura/Escrita da Palavra "pipa"

Aplicar o mesmo procedimento executado nos itens anteriores.

Após a aplicação das tarefas utilizando o mesmo procedimento, apenas fazendo alterações sucessivas, cumulativas e pertinentes, à medida que as palavras vão sendo ensinadas. Passar para a 5ª Etapa.

## 5ª ETAPA

Leitura/Escrita de Frases, Retiradas do Contexto, Formadas pelos Grafemas que Representam as Vogais e Semivogais e a Consoante /p/.

Para o ensino desta etapa, considerar que a frase interessa mais ao aluno do que a palavra isolada.

Nesta etapa são utilizadas as palavras conhecidas do aluno.

Observar que as frases "Eu e o papai", "O pó e a pá", "A pá e a pia" serão tomadas como exemplos para que o procedimento seja explicado.

### 1º Item: Ensino da Leitura/Escrita da Frase "Eu e o papai"

### TAREFAS COMPLEMENTARES

1) Grafia da frase "Eu e o papai" copiando do modelo.
2) Grafia da frase "Eu e o papai", após ouvir sua pronúncia.
3) Identificação da frase "Eu e o papai" entre outras.
4) Grafia da frase "Eu e o papai" abaixo da figura correspondente.
5) Desenho da figura correspondente, abaixo da grafia da frase "Eu e o papai".
6) Colocação do cartão contendo a figura sobre o cartão contendo a frase correspondente.

*eu e o papai*

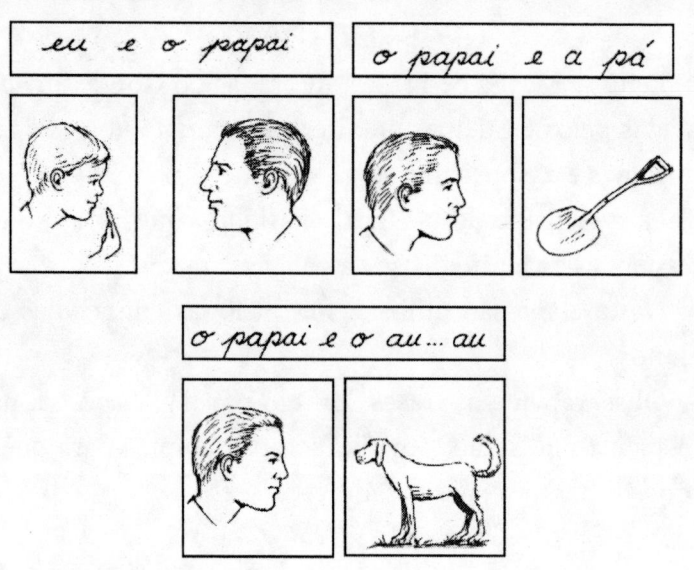

*o papai e a pá*

*o papai e o au... au*

7) Colocação do cartão contendo a frase sobre o cartão contendo a figura.

8) Complementação da frase ("Eu e o................." e "............e o papai".

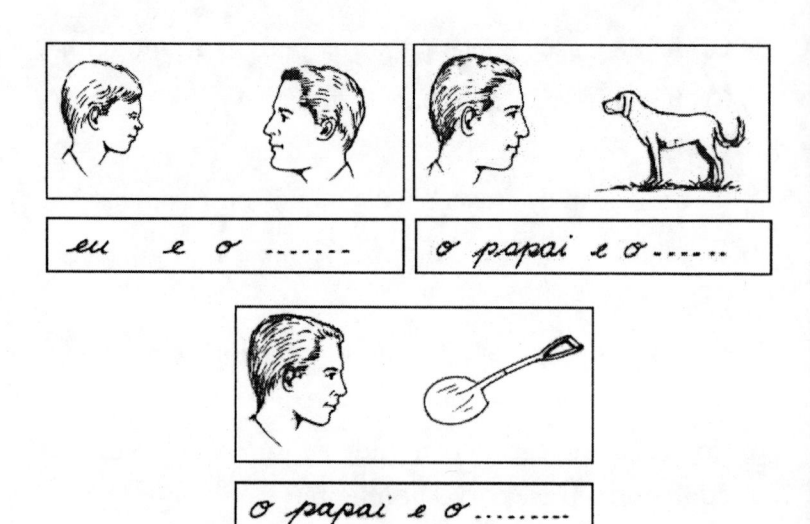

*eu e o .........*

*o papai e o ......*

*o papai e o ...........*

9) Leitura da frase "Eu e o papai".

10) Nomeação da frase oculta.

**2º Item: Ensino da Leitura/Escrita da Frase "O pó e a pá"**

Aplicar o procedimento semelhante ao utilizado no 1º item, inserindo as alterações pertinentes.

**3º Item: Ensino da Leitura/Escrita da Frase "A pá e a pia".**

Continuar aplicando o mesmo procedimento utilizado nos itens anteriores, acrescentando alterações necessárias.

## 6ª ETAPA
## Análise das Palavras Ensinadas na 4ª Etapa

**1º Item: Análise da palavra "papai"**

- Colocar sobre a mesa um cartão contendo a palavra "papai"e a tesoura.
- Solicitar ao aluno: "Leia".

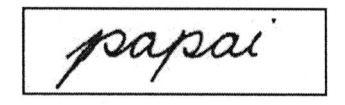

*papai*

- Falar para o aluno: "Pegue o cartão e a tesoura" e após sua execução dizer: "Vamos cortar este cartão em dois pedaços: "Um pedaço com "pa" e o outro com "pai".

*papai*

*pa|pai*

## TAREFAS COMPLEMENTARES

1) Identificação, através do traçado de um círculo na sílaba "pa", em palavras apresentadas, conforme exemplo a seguir.

papai   pato   sapato   capa

2) Pronúncia de palavras que comecem pela sílaba "pa".

**2º Item: Análise da palavra "pia"**

*pia*

- Repetir o mesmo procedimento do 1º item.

*pia*

*pipa*

## TAREFAS COMPLEMENTARES

1) Identificação, traçando um círculo na sílaba "pi", em palavras apresentadas conforme o exemplo indicado.

pipa   apito   pia

2) Falar palavras que comecem pela sílaba "pi".

**3º Item: Análise da palavra "pipa"**

*pipa*

Aplicar o mesmo procedimento utilizado no 2º item.

*pipa*

*pi* | *pa*

Após a obtenção das sílabas "pa" e "pi", mostrar cartões contendo "pe" e "po" (sílabas já estudadas por ocasião do Ensino da leitura/escrita das palavras "pé" e "pó".

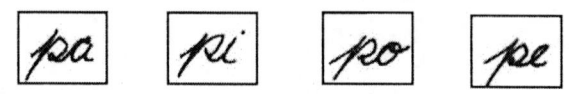

| pa | pi | po | pe |

Colocar os cartões contendo as vogais grafadas na seguinte ordem.

| a | o | u | e | i |

Em seguida solicitar ao aluno que coloque os cartões contendo as sílabas grafadas na ordem correspondente.

A sílaba "pu", desconhecida do aluno, deve ser apresentada neste momento. Isto feito, solicitar para que o aluno coloque-a no local adequado.

| pa | po | pu | pe | pi |

Em seguida solicitar que o aluno faça a leitura, após modificações dos locais onde as sílabas estão colocadas. Também, o professor deve solicitar que o aluno grafe estas sílabas.

Isto feito, realizar nova análise para que o aluno identifique os grafemas que representam as vogais e o fonema /p/.

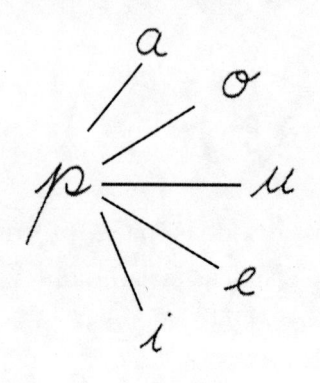

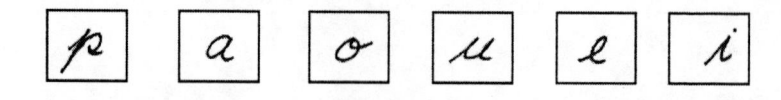

*（diagrama: p ligado a a, o, u, e, i）*

| *p* | *a* | *o* | *u* | *e* | *i* |

## 7ª ETAPA

Ensino da síntese utilizando as sílabas estudadas

- Colocar os cartões contendo as vogais e com as sílabas estudadas conforme disposição indicada a seguir:

| *pa* | *po* | *pu* | *pe* | *pi* |

- Solicitar ao aluno que leia cada cartão.
- Colocar dois cartões e proceder como indica o modelo a seguir, até o aluno, pela síntese, gráfica e sonora, falar a palavra formada.

- Utilizar o mesmo procedimento para a obtenção de outras palavras, conforme os exemplos a seguir.

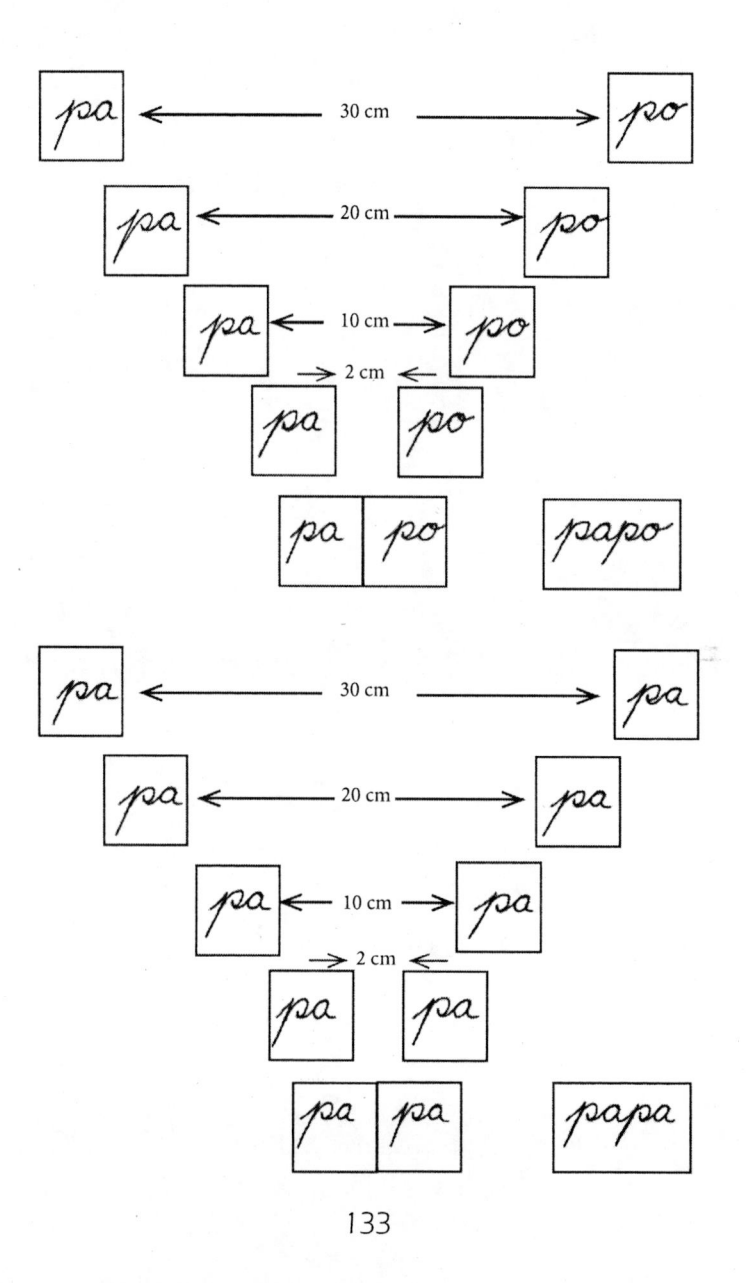

| pa | ← 30 cm → | po |

| pa | ← 20 cm → | po |

| pa | ← 10 cm → | po |
→ 2 cm ←
| pa | po |

| pa | po |    papo

| pa | ← 30 cm → | pa |

| pa | ← 20 cm → | pa |

| pa | ← 10 cm → | pa |
→ 2 cm ←
| pa | pa |

| pa | pa |    papa

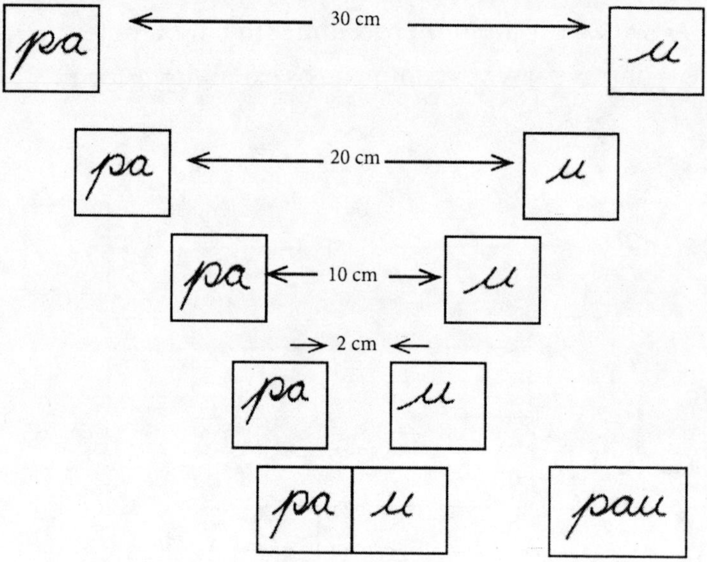
pa
30 cm
u
pa
20 cm
u
pa
10 cm
u
2 cm
pa
u
pa
u
pau

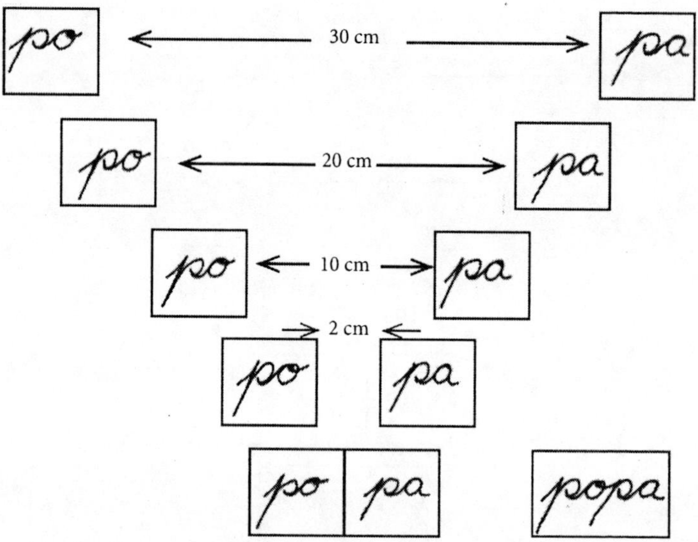
po
30 cm
pa
po
20 cm
pa
po
10 cm
pa
2 cm
po
pa
po
pa
popa

- Solicitar ao aluno que grafe as palavras aprendidas.
- Separar as sílabas das palavras aprendidas.

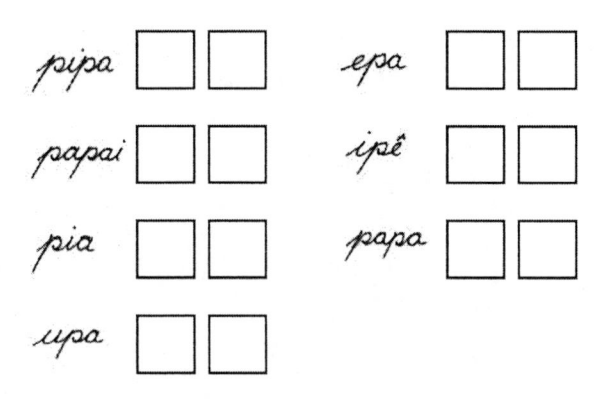

| pipa | ☐ ☐ | epa | ☐ ☐ |
| papai | ☐ ☐ | ipê | ☐ ☐ |
| pia | ☐ ☐ | papa | ☐ ☐ |
| upa | ☐ ☐ | | |

- Completar as palavras com as sílabas que falta.
- Completar frases.

Ao final desta etapa fazer revisão sobre o Ensino da leitura/escrita das palavras e das frases aprendidas pelo aluno. Solicitar ao aluno que leia, grafe ora copiando do modelo, ora após ouvir a pronúncia, as palavras e frases constituídas pelos grafemas que representam as vogais e semivogais e o fonema /p/.

A partir da 8ª Etapa, utilizar procedimento semelhante ao descrito anteriormente inserindo alterações pertinentes.

Paralelamente ao Ensino da leitura/escrita ir inserindo a gramática funcional.

Por exemplo, na sentença "O Papai apita" perguntar: "Quem apita?", "O que o papai faz?"

Outro exemplo: "O copo caiu aqui", perguntar: "O que caiu?", "O que aconteceu com o copo?" e "Onde o copo caiu?" Isto permitirá que o aluno organize a sentença e ao mesmo tempo possa reorganizá-la na ordem intercalada "Aqui, o copo caiu". "O copo, aqui, caiu".

Ainda, no trabalho da alfabetização, aplicando a gramática funcional, inserir a pontuação (vírgula, ponto, ponto de interrogação, etc). Por exemplo, nas frases: "O au...au, o pato e o tatu", "O papai, o titio e a titia" há a inserção da vírgula.

O verbo também pode ser utilizado durante o Ensino da leitura/escrita de forma funcional.

Enfim, na exposição do procedimento para o Ensino da leitura/escrita observa-se a ênfase no processo de análise/síntese. A seguir, encontram-se relacionadas as etapas dos processos: sintético e analítico.

## PROCESSO SINTÉTICO

**Etapas:**

1) Estabelecer a correspondência entre fonemas e sua representação gráfica:

   a) identificar letras ou sílabas iguais;

   b) reconhecer a letra ou sílaba emitida pelo professor;

   c) identificar a letra ou sílaba inicial da palavra emitida pelo professor ou representada pelo desenho;

   d) emitir o som (fonema) correspondente à letra ou sílaba apresentada;

   e) evocar palavras que comecem com o som (fonema) que representa a letra (grafema) ou sílaba apresentada, e,

f) escrever a letra ou sílaba pedida.
- Ligar letras ou sílabas iguais.
- Identificar, em palavras, uma letra ou sílaba destacada.
- Marcar ou separar a ilustração cujo nome inicia com a letra ou sílaba escrita.
- Ler a letra ou sílaba apresentada pelo professor.
- Desenhar figuras cujos nomes comecem com a letra ou sílaba apresentada visualmente.
- Dizer uma palavra que comece com a letra ou sílaba apresentada.
- Escrever a letra ou sílaba pedida. (O professor emite um fonema ou sílaba e o aluno escreve a letra ou sílaba correspondente).
- Escrever a letra ou sílaba inicial da palavra emitida pelo professor.
- Escrever a letra ou sílaba inicial da palavra sugerida pelo professor.

2) **Realizar síntese de fonemas na formação de pequenas palavras significativas:**

a) ler pequenas palavras formadas pelo professor a sua vista;

b) formar e ler, a partir de letras ou sílabas dadas, pequenas palavras significativas;

c) completar pequenas palavras com letras ou sílabas conhecidas;

d) ler pequenas palavras significativas;

e) escrever pequenas palavras significativas.

- Ler a palavra formada pelo professor.
- Escrever a palavra formada a partir das sílabas ou letras escritas (ler ou ilustrá-la).
- Completar palavras.
- Ligar o nome ao desenho.
- Escrever o nome dos desenhos.
- Escrever palavras ditadas pelo professor.

3) **Ampliar a capacidade de formar palavras com fonemas conhecidos:**

a) formar e ler palavras a partir de letras ou sílabas dadas;

b) identificar as letras ou sílabas que compõem a palavra;

c) completar palavras colocando sílabas ou letras que faltam;

d) ler palavras formadas; e,

e) escrever palavras.

- Escrever a palavra formada a partir das sílabas ou letras escritas.
- Escrever e ler a palavra formada pelas letras ou sílabas obedecendo ao código.
- Marcar a letra ou sílaba inicial das palavras.
- Escrever a sílaba que falta.
- Completar palavras.
- Ligar o nome ao desenho.

- Ler palavras apresentadas uma a uma.
- Escrever o nome dos desenhos.
- Escrever palavras ditadas pelo professor.

## PROCESSO ANALÍTICO

**Etapas:**

1) Reconhecer palavras isoladas em diferentes contextos (visualização):

   a) relacionar palavras à sua ilustração:
   - ligar a palavra ao desenho;
   - copiar a palavra junto ao desenho;
   - dar nome ao desenho;

   b) identificar a palavra isolada:
   - indicar a palavra pedida pelo professor;
   - localizar em uma frase ou pequeno texto a palavra pedida;
   - ler oralmente a palavra apresentada;
   - ilustrar palavras;

   c) ler frases e expressões formadas com palavras visualizadas:
   - relacionar frases e expressões à sua ilustração;
   - marcar frases e expressões lidas pelo professor;
   - ler oralmente frases e expressões;
   - completar frases escolhidas entre palavras dadas.

2) Reconhecer elementos comuns em palavras conhecidas:

   a) identificar a mesma sílaba em várias palavras apresentadas por escrito:

- identificar entre palavras escritas as que iniciam com a mesma sílaba;
- identificar palavras escritas que terminam com a mesma sílaba;
- identificar, entre palavras escritas, as que contêm a sílaba marcada, em qualquer localização;
- identificar a sílaba comum em várias palavras escritas.

b) identificar palavras que iniciam ou terminem igual à palavra representada pelo desenho ou emitida pelo professor;
- marcar palavras que iniciam igual à palavra emitida pelo professor ou igual à palavra sugerida pelo desenho.
- marcar palavras que terminem igual à palavra emitida pelo professor ou igual à palavra sugerida pelo desenho.

c) identificar palavras ou desenhos que comecem com a sílaba destacada em uma palavra visualizada,
- marcar desenhos cujos nomes comecem com a sílaba destacada em uma palavra;
- marcar palavras cuja sílaba inicial é igual à sílaba destacada, em uma palavra visualizada.

d) completar palavras do vocabulário visualizado com sílabas comuns a outras palavras visualizadas,
- completar a palavra com a sílaba que falta, copiando-a da palavra escrita inteira;
- completar uma palavra com a sílaba comum a ou-

tra e sem apoio da ilustração de cada palavra;
- completar uma série de palavras com a sílaba que lhes é comum.

3) **Isolar sílabas e formar palavras novas:**

   a) separar a palavra em sílabas e fazer a recomposição.

   b) ligar sílabas de palavras conhecidas reconstituindo e lendo as palavras.

   c) ler e escrever cada sílaba isolada.

   d) formar palavras novas com auxílio.

   e) completar palavras novas.

   f) escrever e ler palavras novas a partir de sílabas dadas.

   - copiar ou recompor a palavra quando dadas suas sílabas separadas;
   - dividir a palavra em sílabas sendo dado o número de sílabas que a palavra contém;
   - separar as sílabas da palavra sem ajuda;
   - escrever a palavra formada e ilustrá-la;
   - apresentar o cartão com a sílaba pedida pelo professor;
   - fazer desenhos ou relacionar figuras cujos nomes se iniciam com a sílaba dada;
   - escrever a sílaba emitida pelo professor;
   - copiar a palavra ao lado do desenho;
   - completar palavras;
   - completar e ler ou ilustrar as palavras formadas;
   - completar as palavras colocando as sílabas que faltam.

# SUGESTÕES DE MATERIAIS E ATIVIDADES

Além do material específico recomendado para ser utilizado durante a aplicação do programa, a seguir são sugeridos outros materiais instrucionais e atividades alternativas para auxiliar na aplicação do Programa. Deverão ser aplicados conforme o nível do aluno.

**1. Palavras cruzadas**

Iniciar com palavras que contenham poucas letras como o exemplo a seguir. É um material confeccionado em uma cartela de 25x20cm, com desenhos ou figuras e pequenos cartões do tamanho das casas com as letras inscritas.

1) Com uma palavra

   a) para o aluno que não sabe ler

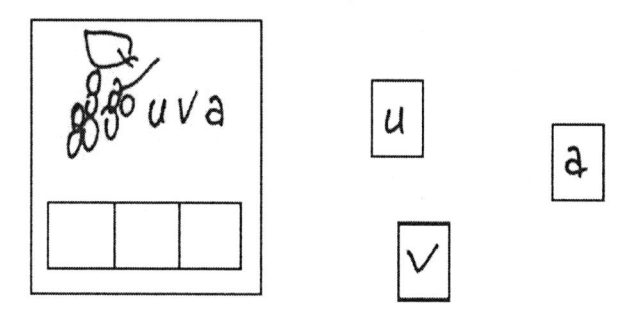

Esta atividade funciona como uma cópia porque o aluno deverá colocar cada cartão com a letra inscrita na casa correspondente, conforme o modelo.

b) para o aluno que sabe ler

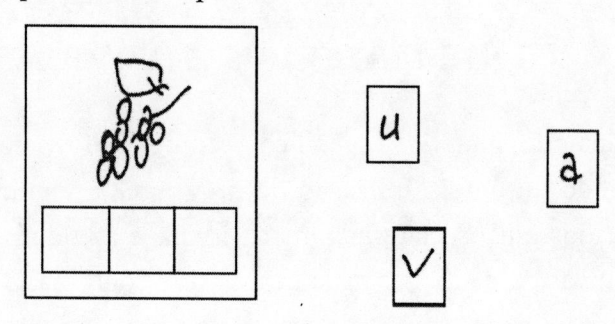

O aluno, para realizar esta atividade deverá saber ler a palavra cujo desenho encontra-se na cartela para colocar cada cartão na casa correspondente sem a presença do modelo.

## 2) Com duas palavras

a) para o aluno que não sabe ler

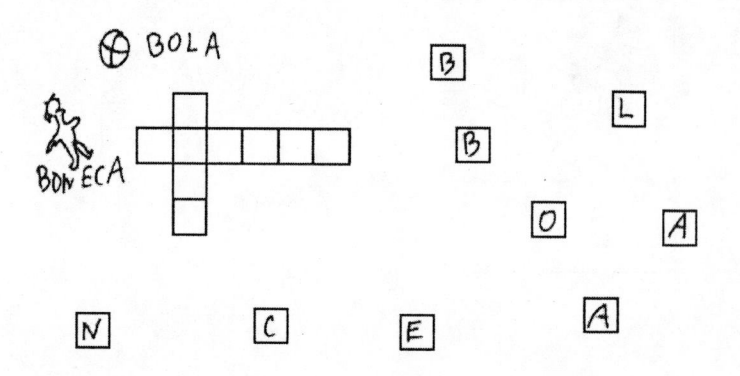

b) para o aluno que sabe ler

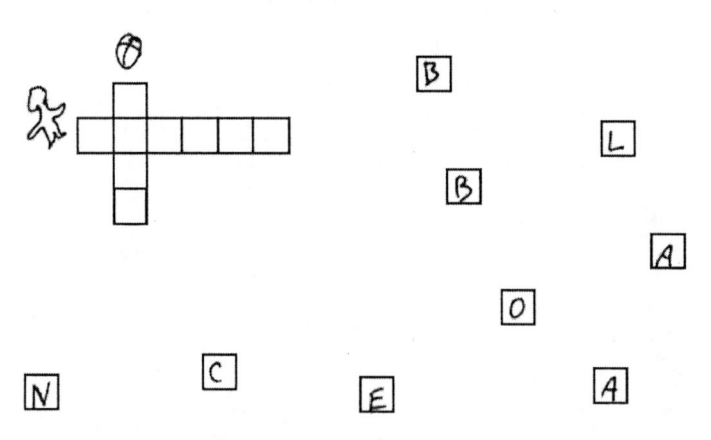

Confeccionar outras cartelas com três, quatro ou cinco palavras.

## 2. Dominó

Confeccionar em cartolina conforme sugestão indicada a seguir.

a) para o aluno que não sabe ler

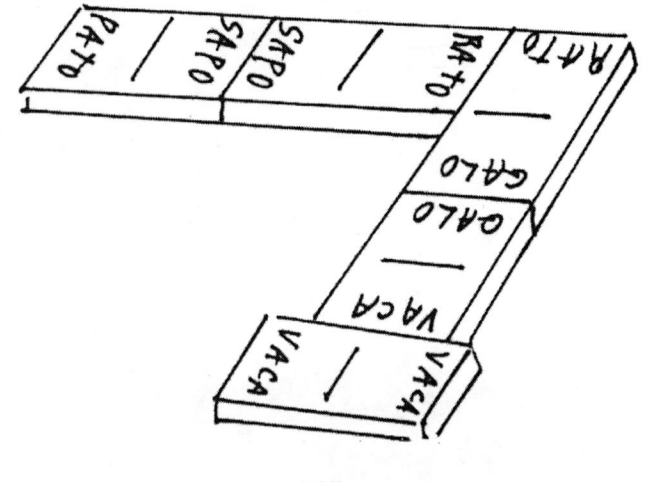

Na execução desta atividade, o aluno através da discriminação visual, procurará juntar peças com palavras iguais.

b) para o aluno que não sabe ler

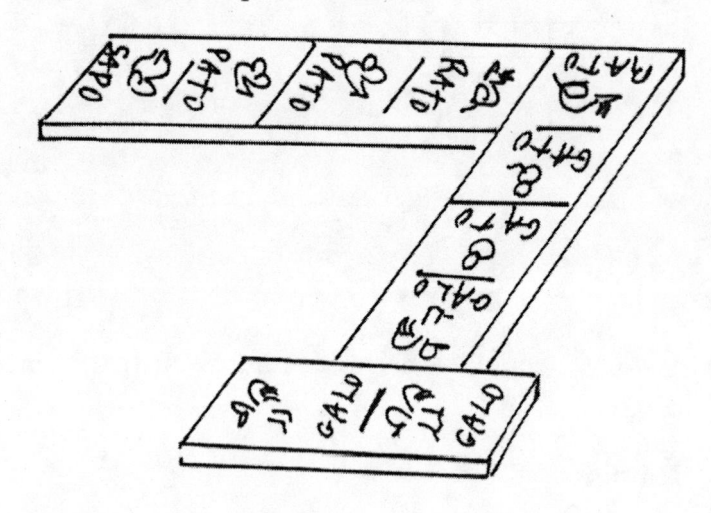

c) para o aluno que sabe ler

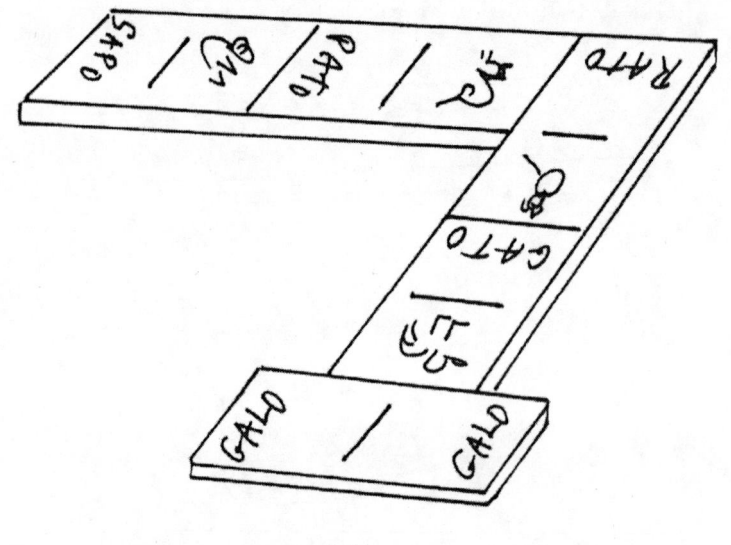

## 3. Encaixe

Confeccionar este material em cartolina.

a) para o aluno que não sabe ler

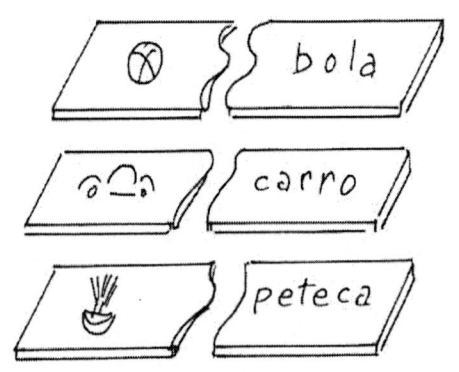

As peças deste encaixe são autocorretivas, ou seja, cada peça só encaixa apenas com o seu par.

O professor poderá confeccionar este material colocando os tipos de letras para que o aluno encaixe, por exemplo, letra manuscrita com letra de imprensa.

b) para o aluno que sabe ler

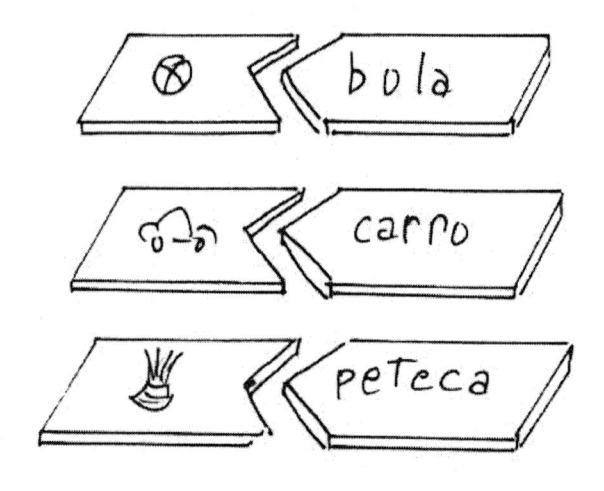

As peças deste encaixe são iguais, ou seja, as peças podem ser encaixadas com qualquer uma.

Confecção com caixa de fósforos.

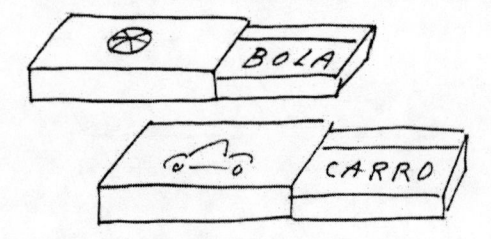

## 4. Livro de letras/sílabas

a) para o aluno que não sabe ler.

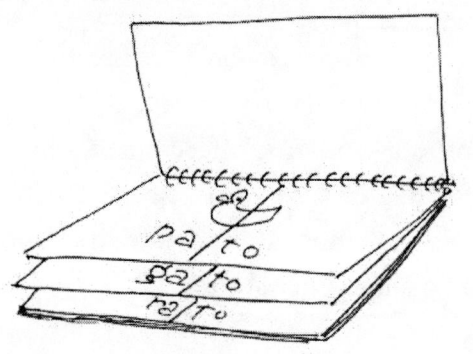

b) para o aluno que sabe ler

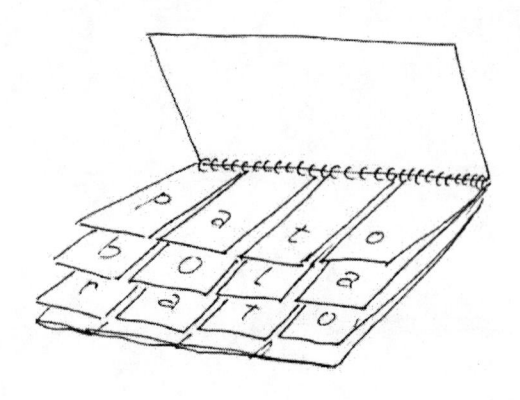

## 5. Quadro de dupla entrada (síntese)

Confeccionar em cartelas com 25x20cm.
a) para o aluno que não sabe ler.

| VOGAIS | u | i |
|---|---|---|
| a | | |
| e | | |

| eu | | ai |
|---|---|---|
| au | | ei |

| VOGAIS | u | i |
|---|---|---|
| a | | |
| e | | |
| o | | |

| au | | ei |
|---|---|---|
| ou | | ai |
| eu | | oi |

| SÍLABAS | ta | la |
|---|---|---|
| bo | | |
| ma | | |

| bota | mata | mala | bola |

| SÍLABAS | pa | to | la |
|---|---|---|---|
| ca | | | |
| ta | | | |
| pa | | | |

| cala |
| tala |
| pala |

| capa | papa | tato |

| tapa | cato | pato |

b) para o aluno que sabe ler

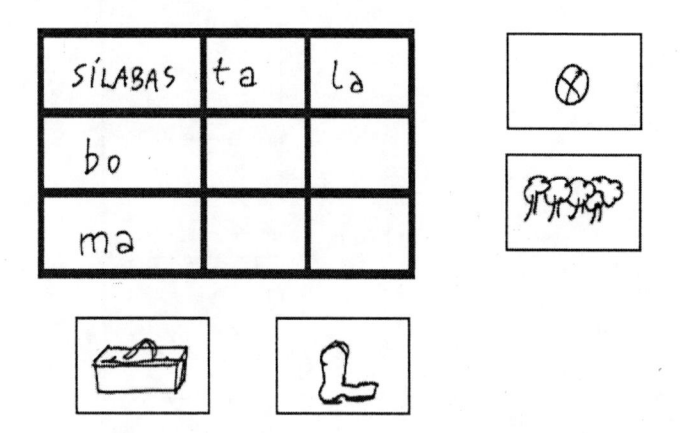

| SÍLABAS | ta | la |
|---|---|---|
| bo | | |
| ma | | |

## 6) Completação de sílabas (síntese)

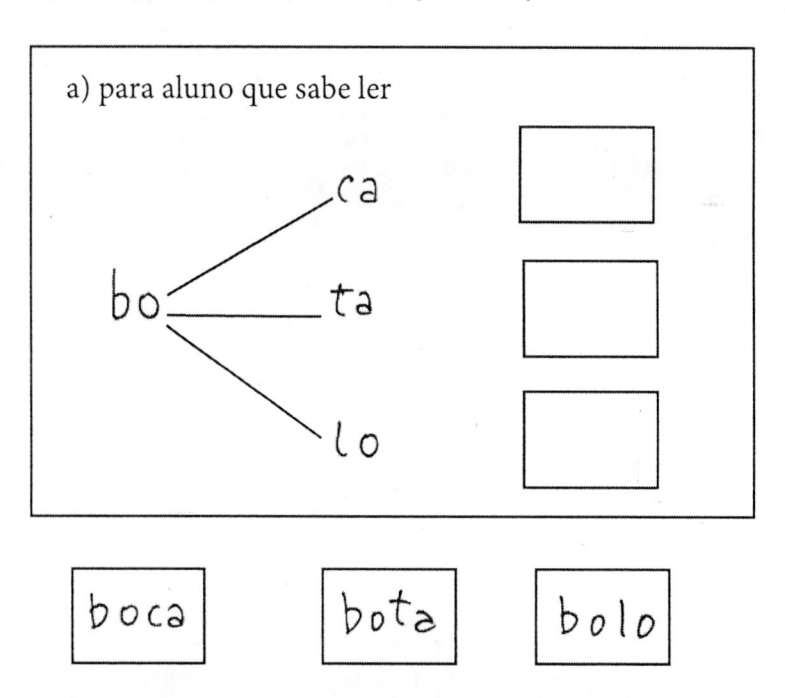

a) para aluno que sabe ler

bo — ca
bo — ta
bo — lo

| boca | bota | bolo |

b) para aluno que sabe ler (síntese)

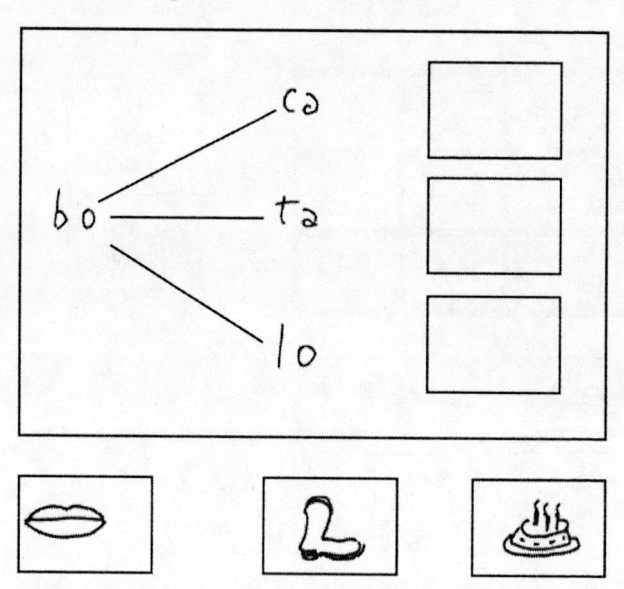

## 7) Completação de sílabas (síntese)

a) para aluno que não sabe ler

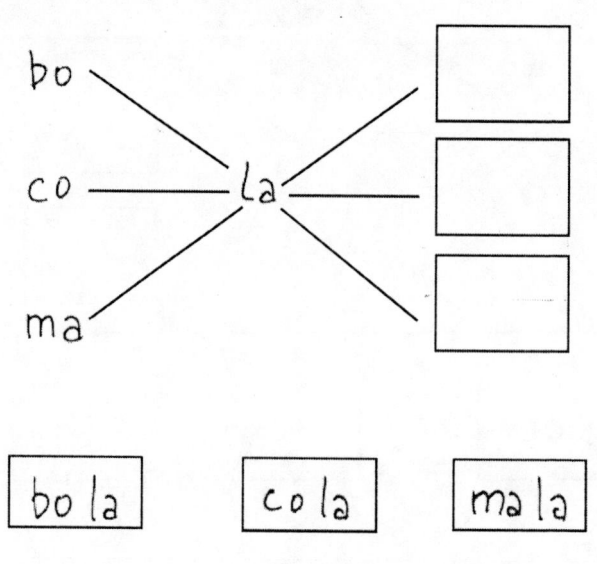

b) para o aluno que sabe ler

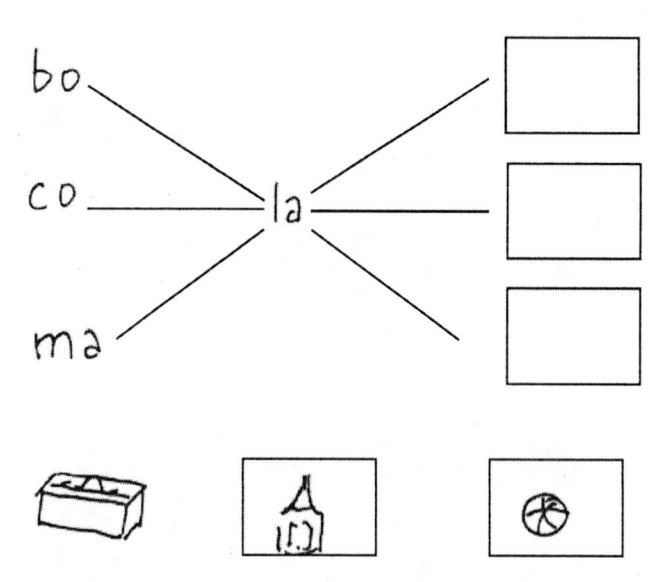

bo

co — la

ma

## 8. Separação de sílabas (análise)

a) para o aluno que não sabe ler

| PALAVRA | SÍLABA | SÍLABA |
|---|---|---|
| SALA | SA | LA |
| BOLA | | |
| MALA | | |

| BO | | LA | | MA | | LA |

b) para o aluno que sabe ler

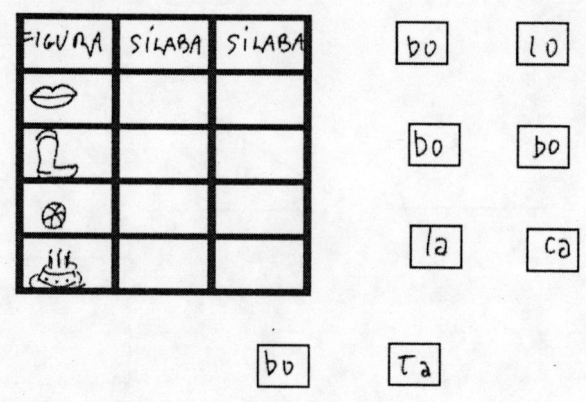

| FIGURA | SÍLABA | SÍLABA |
|--------|--------|--------|
| 👄 | | |
| 👢 | | |
| ⊗ | | |
| 🍰 | | |

| bo | | lo |
| bo | | bo |
| la | | ca |

| bo | ta |

## 9. Completação de sílabas (síntese)

Confeccionar em cartolina recortando círculos conforme o modelo exposto a seguir. Inscrever as sílabas de modo que formem palavras conhecidas do aluno. Depois prender os cartões cortados em círculos pelo orifício no centro de cada um. O aluno terá que escolher qual a sílaba que completará o início da palavra.

a) para o aluno que não sabe ler (palavras com duas sílabas)

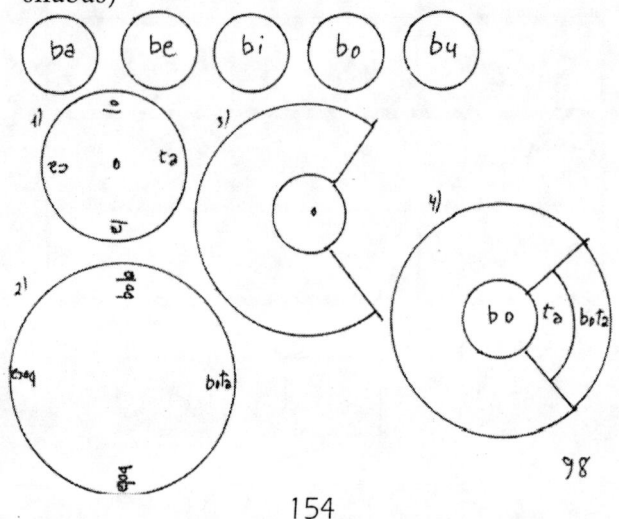

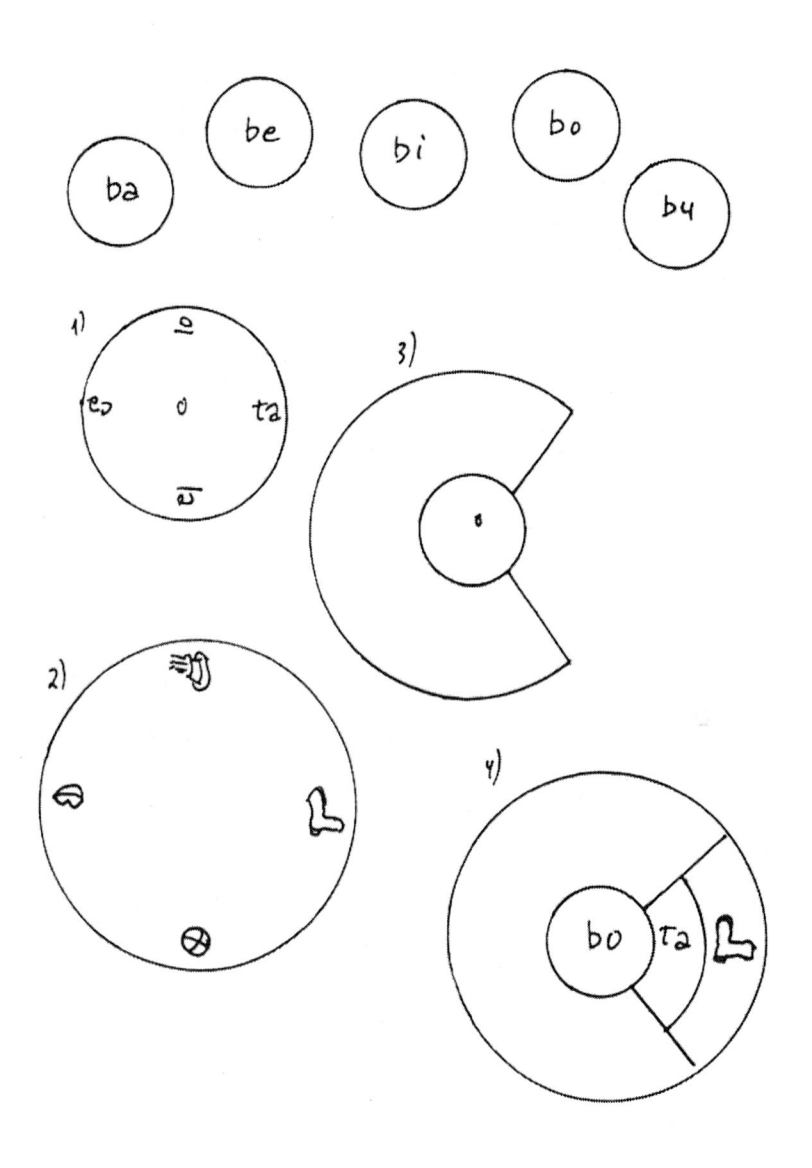

b) para o aluno que sabe ler

• palavras com três sílabas

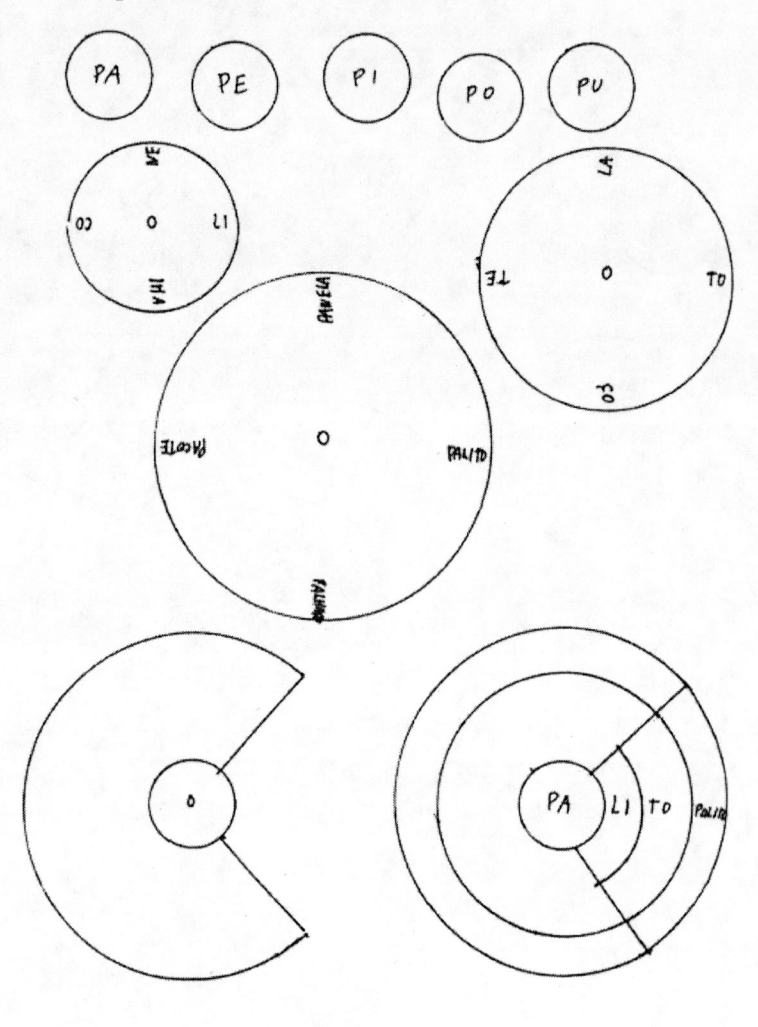

## 10. Bola ao alvo

Confeccionar em caixa de embalagem e solicitar que o aluno jogue a bola no espaço sobre o qual encontra-se a letra ou sílaba ou palavra indicada no modelo.

a) para o aluno que não sabe ler

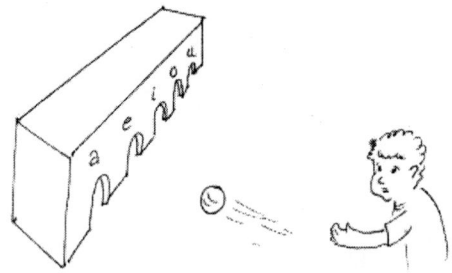

b) para o aluno que sabe ler, o professor deverá solicitar que o mesmo jogue a bola no espaço sobre o qual encontra-se a letra, sílaba ou palavra solicitada.

## 11. Jogo de amarelinha

Confeccionar em papel pardo

a) para o aluno que não sabe ler

Dar o modelo para que ele procure a letra, sílaba ou palavra indicada.

b) para o aluno que sabe ler, o professor solicitará a letra, sílaba ou palavra para que o mesmo indique-a.

## 12. Boliche

Confeccionar em latas pintadas

a) para o aluno que não sabe ler, afixar letras e solicitar que o aluno jogue a bola para acertar conforme o modelo indicado (letras, palavras ou sílabas).

b) para o aluno que sabe ler solicitar que o mesmo jogue a bola na sílaba, letra ou palavra solicitada pelo professor.

# REFERÊNCIAS BIBLIOGRÁFICAS

AJURIAGUERRA, J. de e AUZIAS, M. La escritura del niño - II: la reducación de la escritura. Trad. de Rose M. Serrana, Barcelona, Editorial Laia, 1973.

AMERICAN ASSOCIATION ON MENTAL RETARDATION. Mental retardation: definition, classification and systems and supports. Washington (D.C.) AAMR, 1992.

ARAÚJO, M.Y.A.Iniciação à leitura. Belo Horizonte, Editora Vigília, 1972.

BOREL - MAISONNY, S. Language oral et écrit - I: pedagogie de notions de base-étude experimentale et applications pratiques. Suisse, Editions Delachau et Niestlé, 1962

BRASIL. Ministério da Educação e do Desporto. Política Nacional de Educação Especial. Brasília, Secretaria da Educação Especial - SEESP, 1994.

BRASLAVSKY, B.P. Problemas e métodos no ensino da leitura. Trad. de Agostinho Minicucci. São Paulo, Edições Melhoramentos, 1971.

BRANCKART, J.P. Teorias del lenguaje. Trad. de Juan Lopes. Barcelona, Editorial Herder, 1980.

CARACIKI, A.M. Distúrbios da palavra: disgrafia. Rio de Janeiro, Forense, 1970.

CARROLL, J.B. Psicologia e linguagem. Trad. de Maria Aparecida Aguiar. Rio de Janeiro, Zahar, 1977

CHOMSKY, N. Reflexões sobre a linguagem. Trad. de Isabel Gonçalves. Lisboa, Edições 70, 1977.

CONDEMARÍN, M. e CHADWICK, M. A escrita criativa e formal. Porto Alegre, Artes Médicas, 1987.

COSTA, M. da P. R. da. Um programa para alfabetização de deficientes mentais: primeiros resultados. Dissertação de mestrado. Universidade Federal de São Carlos, 1984.

COSTA, M. da P.R. da Alfabetização de deficientes auditivos: um programa de ensino. Tese de Doutorado. Universidade de São Paulo, 1992.

COSTA, M. da P.R. da O deficiente auditivo, orientações para o ensino da comunicação e um procedimento para o ensino da leitura e escrita. São Carlos, EDUFSCar, 1994a.

COSTA, M.P.R. da. Orientações para ensinar o deficiente auditivo a se comunicar. Revista Brasileira de Educação Especial. 1 (2), 93-196.

COSTALLAT, D.M. de Psicomotricidade: a coordenação visomotora e dinâmica manual da criança infradotada, método de avaliação e exercitação básica. Trad. de Maria Aparecida Pabst. Porto Alegre, Editora Globo, 1973.

CRATTY, B.J. A intelig6encia pelo movimento: atividades físicas para reforçar a atividade intelectual. Trad. de Roberto Goldkorn. São Paulo, DIFEL, 1975.

CRUICKSHANK, W.M. e JOHNSON, G.O. A educação da criança e do jovem excepcional. Trad. de Jurema A. Porto Alegre, Globo, 1974.

CUNHA, N.H.S. e Correa e Castro, I.M. Sistema de estimulação pré-escolar: SIDEPE. São Paulo, Cortez, 1981.

DEUCHAR, M. British sign language. London, Routledge, 1984.

DUNN, L.M. Crianças excepcionais: seus problemas, sua educação. Trad. de Ceres de Albuquerque. Rio de Janeiro, Ao Livro Técnico S.A., 1971.

FANT, L.J. ASL y siglish: las diferentes formas del lenuaje por signos. Em: Fine, P.J. (Org.). La sordera en la primera y segunda infancia. Trad. de Irma Lorenzo. Buenos Aires, Panamericana, 1977.

FERNALD, D. M. e KELLER, H. The effect of kinaesthetic factors in the development of word recognition in the case non readers. Journal of Educational Research., 1921, 4 (5); 355-377.

FROSTIG, M. Figuras y formas: guia para el maestro - programa para el desarrollo de la percepción visual. Trad. de Irma Lorenzo. Buenos Aires, Panamericana, 1978.

FROSTIG, M. e MASLOW, P. Educación del movimiento: teoria y practica. Trad. de Irma Lorenzo. Buenos Aires, Panamericana, 1984

FURTH, H.G. Thinking without language: psychological implications of deafness. New York, Free Press, 1966.

FURTH, H.G. Linguistic deficiency and thinking. Psichological Bulletin, 1971, 76 (1): 59-72.

GESELL, A. El niño de 1 a 5: guia para el estudio del niño preescolar. Trad. de Eduardo Loedel do original: The first five years of life: a guide to the study of the preschool child, publicado em 1940. Buenos Aires, Paidós, 1971.

GOLBERT, C.S. A evolução psicolinguística e suas implicações na alfabetização: teoria-avaliação-reflexões. Porto Alegre, Artes Médicas, 1988.

GREENE, J. Pensamento e linguagem. Trad. de Álvaro Cabral. Rio de Janeiro, Zahar Editores, 1976.

HILGARD, E. Teorias de aprendizagem. São Paulo, Livraria Pioneira, 1973.

ISQUIERDO, I. A palavra escrita. Folha de São Paulo - Suplemento Especial. São Paulo, 1996.

ITARD, J. Mémoire sur les premiers développements de Victor de l'Aveyron. Paris, 1801, em L. Maison. Les enfants sauvages (1964).

JOHNSON, D.J. e MYKLEBUST, H.R. Distúrbios de aprendizagem: princípios e práticas educacionais. Trad. de Marília Zanella Sanvicente. São Paulo, Pioneira, 1983.

KIRK, S.A. e KIRK, W.D. Crianças excepcionais e sua educação familiar. Trad. de Maria Lúcia de E. Silva, São Paulo, Editora Fundo de Cultura S.A., 1961.

KIRK, S.A. e GALLAGHER, J.J. Educação da criança excepcional. Trad. de Marília Z. Sanvicente. São Paulo, Martins Fontes, 1996.

KEPHART, N.C. El alumno retrasado: descubrimiento de las deficiencias de organización psiquica y técnicas pedagogicas para su corrección. Trad. de Versum; revisão de H. Pardellaus e J.R. de Otoalá. Barcelona, Editorial Luis Miracle S.A., 1968.

LAPIERRE, A. Educación psicomotriz em la escuela maternal: una experiência con los "pequenos", Trad. de Francisco T. Vera. Barcelona, Editorial Cientifica Médica, 1977.

LE BOULCH, J. O desenvolvimento psicomotor do nascimento aos 6 anos. Trad. de Ana Guardiola Brizolara. Porto Alegre, Artes Médicas, 1982.

LEITE, S.A. da S. Preparando a alfabetização. São Paulo, EDICON, 1985.

LURIA, A.R. e YUDOVICH, F.I. Linguagem e desenvolvimento intelectual na criança. Trad. de José Cláudio de Almeida Abreu. Porto Alegre, Artes Médicas, 1985.

MENYUK, P. Aquisição e desenvolvimento da linguagem. Trad. de Geraldina Porto Witter e Leonor Scliar Cabral. São Paulo, Pioneira, 1975.

MOL, V. Linguística em Logopedia. Rio de Janeiro, Edições Gernasa, 1971.

MONTESSORI, M. Pedagogia científica: a descoberta da criança. Trad. de Aury Azélio Brunetti, do original: La scopeta del bambino, publicado em 1926. São Paulo, Flamboyant, 1965.

MOORES, D. Psycholinguistic and deafness, American Annals of Deaf, 1970, 115 (1); 37-48.

MUSSEN, P.H.; CONGER, I.J. e KAGAN, J. Desenvolvimento e personalidade da criança. Trad. de Maria Sílvia Mourão Netto. São Paulo, Harper e Row do Brasil Ltda., 1977.

MYERS, P. Methods for learning disorders U.S.A., John Wiley and Sons, Inc., 1976.

MYSAK, E. Patologia dos sistemas da fala. Trad. de Edmée Brandi. Rio de Janeiro, Livraria Atheneu, 1984.

NAN, G. Quero falar - cartilha para uso das crianças surdas: o ensino da articulação. São Paulo, Publicação Particular, 1957.

OFMAN, W. e SHAEVITZ, M. The kinesthetic method in remedial reading. Journal of Experimental Education. 1963, 31 (3): 317-320.

OLÉRON, P. Linguagem e desenvolvimento mental. Trad. de Carlos Manuel Santos. Lisboa, Sociocultur, 1978

PAIN, S. Diagnóstico e tratamento dos problemas de aprendizagem. Trad. de Ana Maria Netto Machado. Porto Alegre, Artes Médicas, 1985.

PIATELLI-PALMARINI, M. Teorias da linguagem - teorias da aprendizagem: Jean Piaget e Noam Chomsky debatem teorias da linguagem, teorias da aprendizagem com Gregory Bateason, Jean Pierre Changeaux, Maurice Godelier, Barbel Inhelder, François Jacol et als... Trad. de Rui Pacheco. Lisboa, Edições 70, 1978.

PIAGET, J. A linguagem e o pensamento da criança. Trad. de Manuel Campos. Rio de Janeiro, Fundo de Cultura S.A., 1959.

QUIRÓS, J.B. El lenguaje lectoescrito y sus problemas. Buenos Aires, Panamericana, 1980.

QUIRÓS, J.B. e SCHRAGER, O.L. Lenguaje, aprendizaje e psicomotricidade. Buenos Aires, Panamericana, 1979.

QUIRÓS, J.B. e SCHRAGER, O.L. Fundamentos neuropsicológicos en las discapacidades de aprendizaje. Buenos Aires, Panamericana, 1980.

ROBINSON, N.M. e ROBINSON, H.B. The mentally retarded child: a psychological approach. New York, McGraw-Hill Book Company, 1965.

SCHRAGER, O.L. Lengua, lenguaje y escolaridade. Buenos Aires, Panamericana, 1985.

SEGUIN, E. Traitment moral hygiène et éducation des idiots et des autres enfants arriéres. Paris, Bailliere, 1846.

SMITH, F. e MILLER, G. The genesis of language: a psycholinguistic approach. London, MIT Press, 1968.

TELFORD, C. W. SAWREY, J.M. O indivíduo excepcional. Trad. de Álvaro Cabral. Rio de Janeiro, Zahar Editores, 1978.

VYGOTSKY, L.S. Pensamento e linguagem. Trad. de M. Rezende. Lisboa, Edições Antodoto, 1979.

VYGOTSKY, L.S. A formação social da mente: o desenvolvimento dos processos psicológicos superiores. Trad. de José Cipolla Neto, Luís S. Menna Barreto e Solange C. Afeche. São Paulo, Livraria Martins Fontes Editora Ltda., 1984.

ZANINI, F.G. Aquisição da linguagem e alfabetização Em Tasca e Poersch, Suportes linguísticos para a alfabetização. Porto Alegre, Sagra, 1986.

ZAZZO, R. Los debiles mentales. Barcelona, Editorial Fontanella S.A., 1973.

# APÊNDICE

# APÊNDICE 1

# APÊNDICE 2

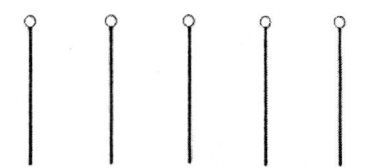

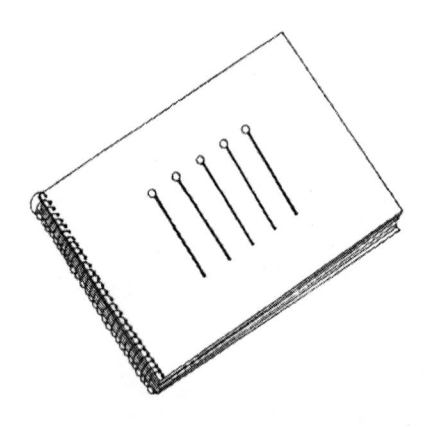

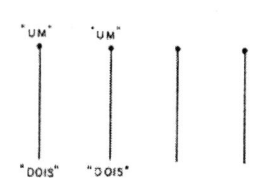

"UM" "UM"

"DOIS" "DOIS"

"UM" ———— "DOIS"

"UM" ———— "DOIS"

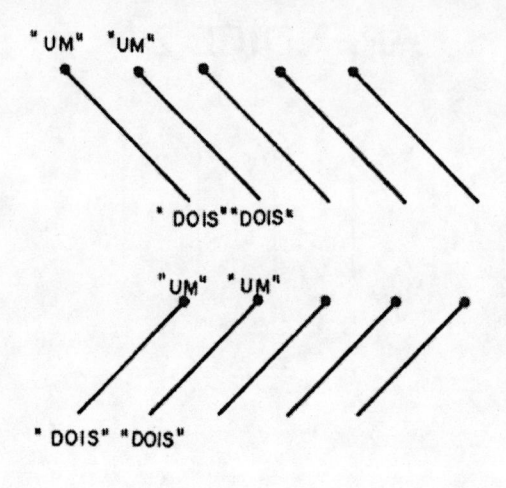

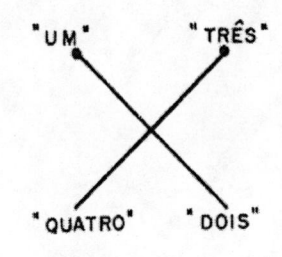

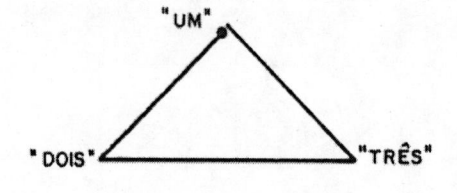

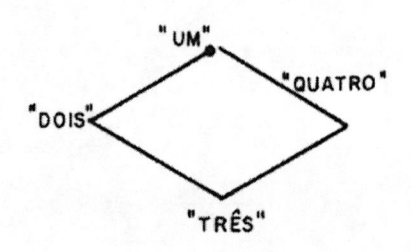

171

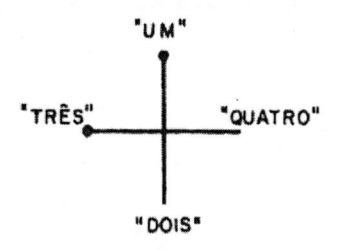

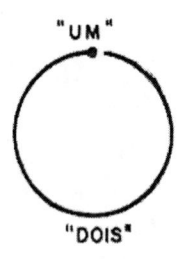

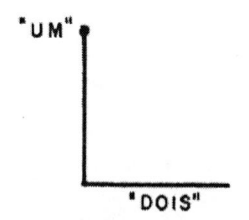

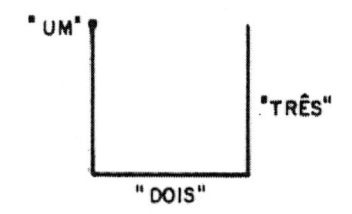

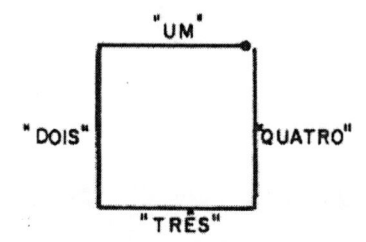

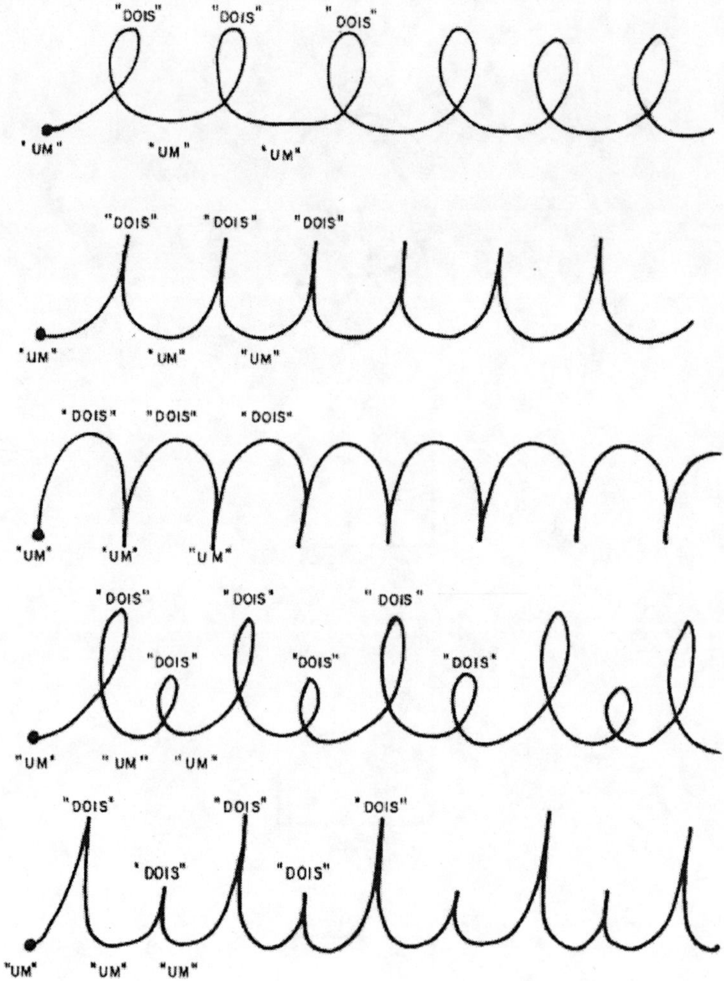
"DOIS"
"DOIS"
"DOIS"
"UM"
"UM"
"UM"
"DOIS"
"DOIS"
"DOIS"
"UM"
"UM"
"UM"
"DOIS"
"DOIS"
"DOIS"
"UM"
"UM"
"UM"
"DOIS"
"DOIS"
"DOIS"
"DOIS"
"DOIS"
"DOIS"
"UM"
"UM"
"UM"
"DOIS"
"DOIS"
"DOIS"
"DOIS"
"DOIS"
"UM"
"UM"
"UM"

# APÊNDICE 3

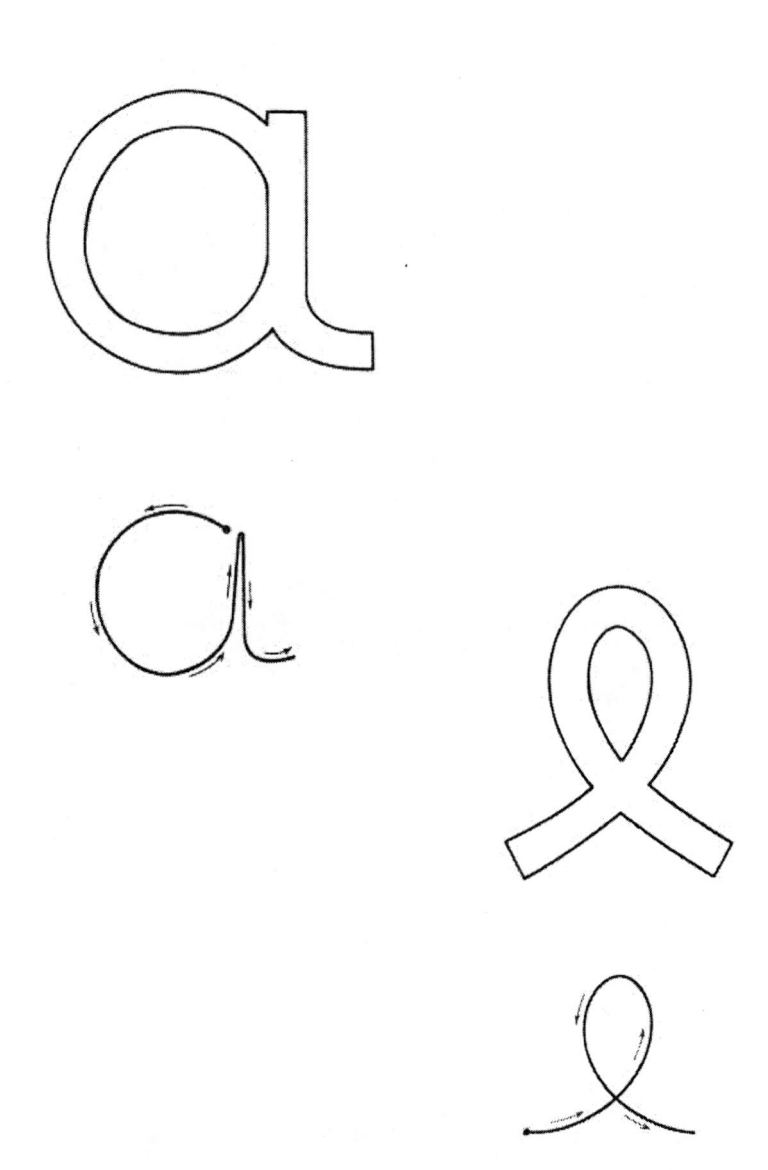

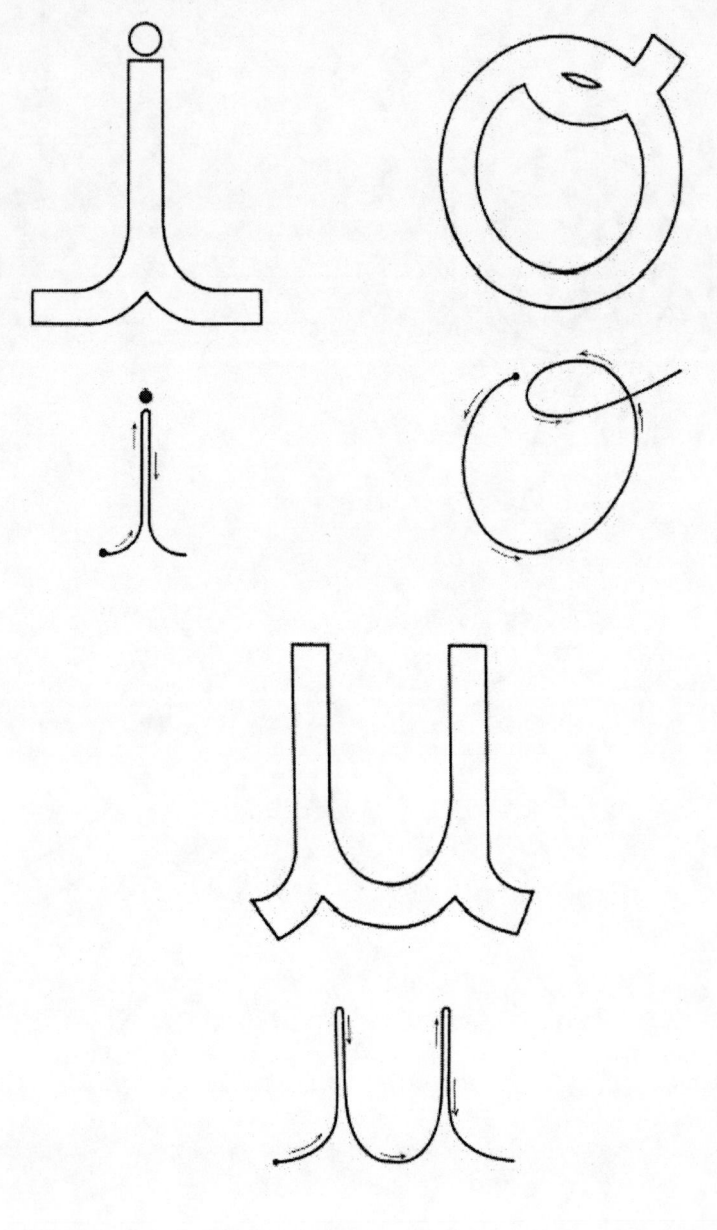

176

177

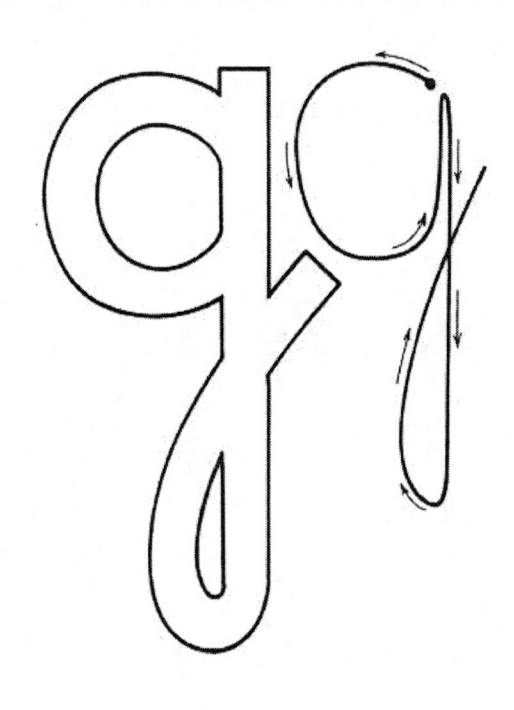

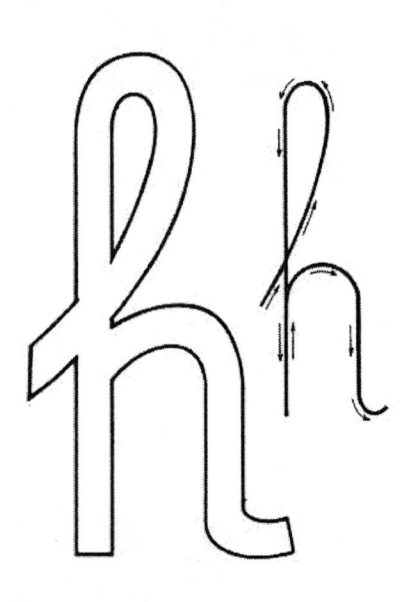

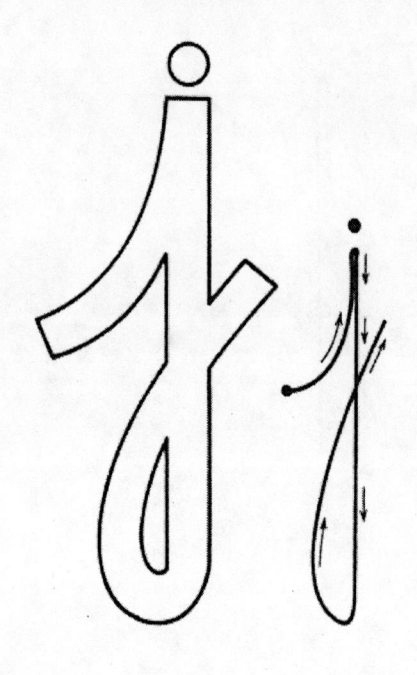

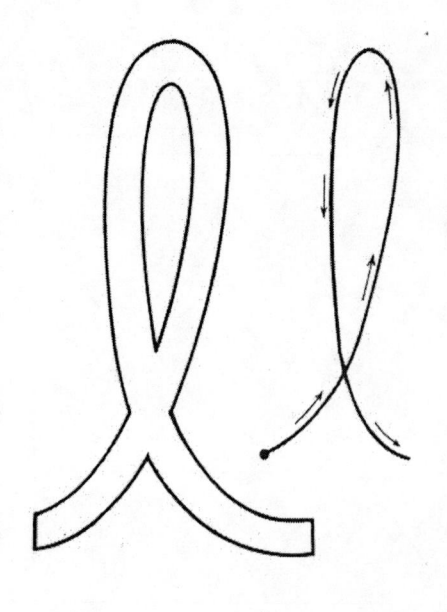

179

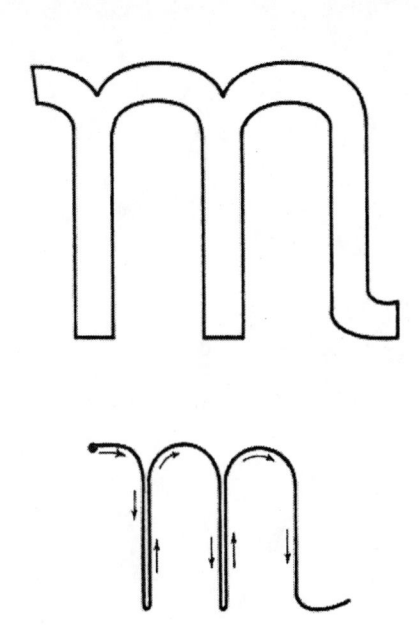

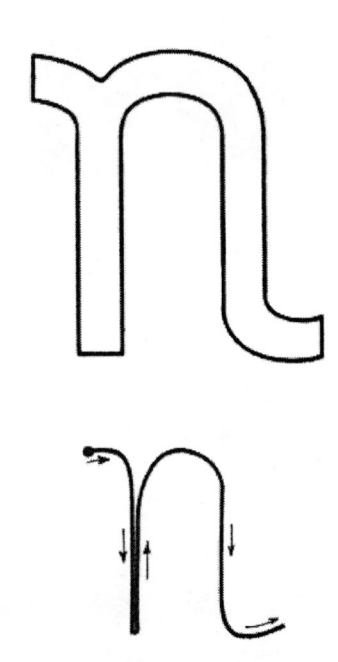

180

181

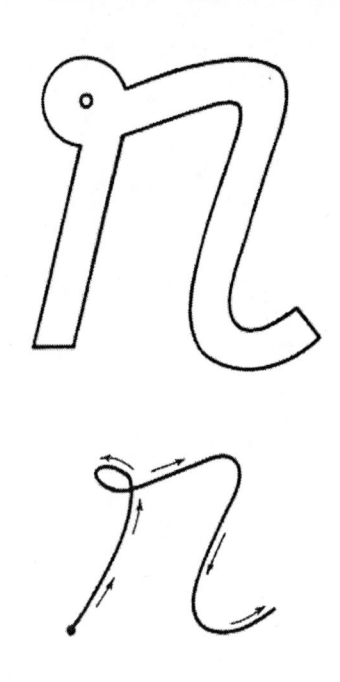

182

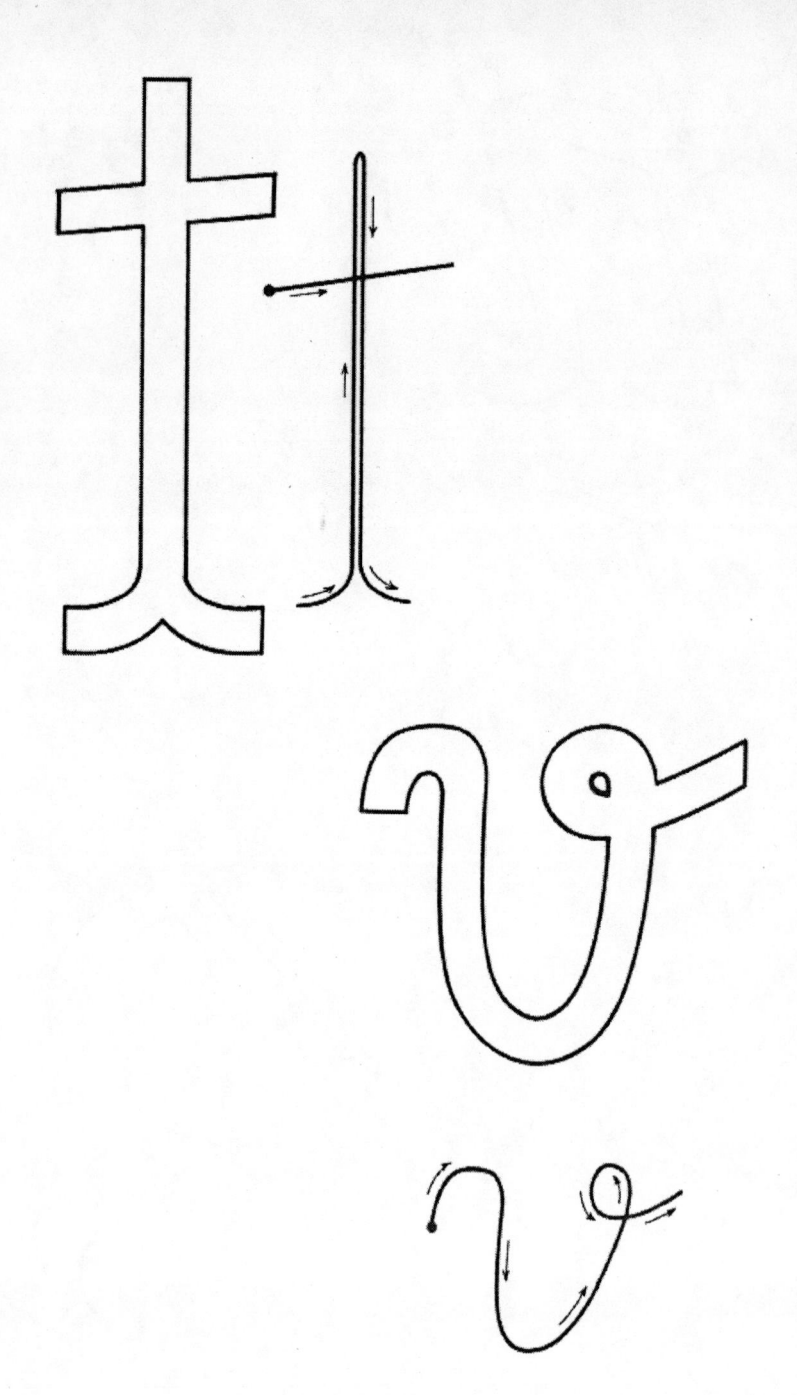

183

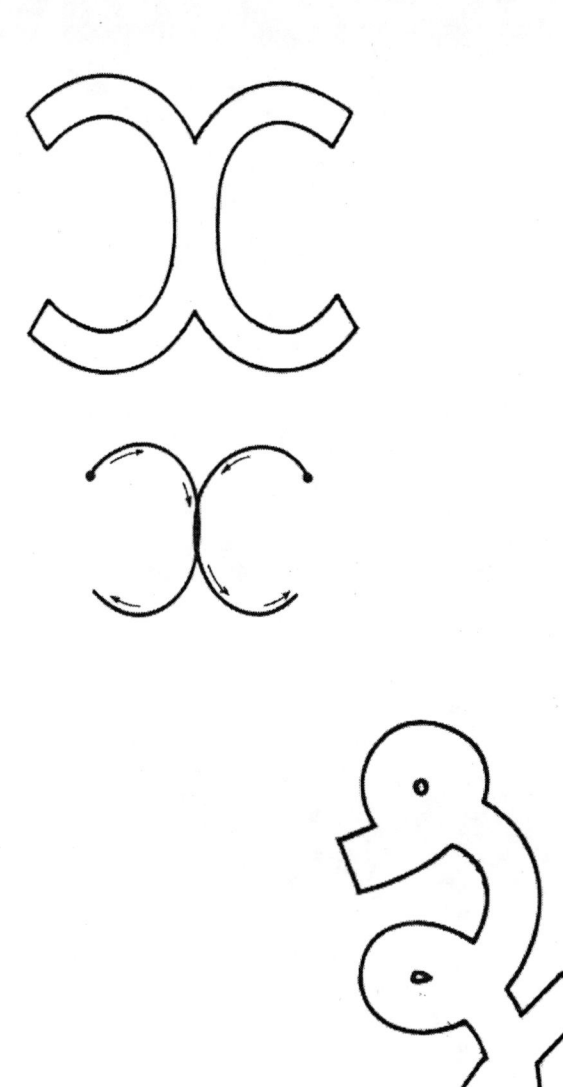

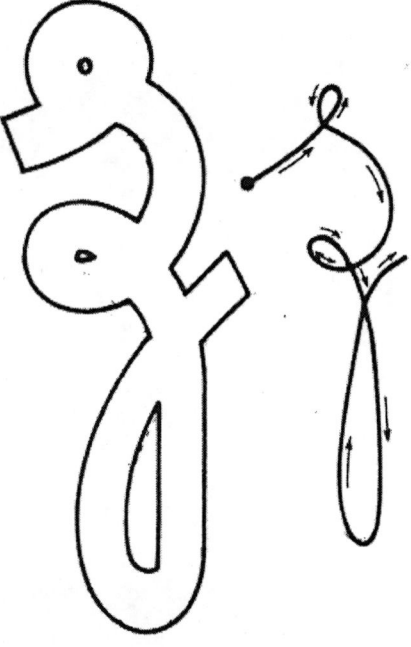

# APÊNDICE 4

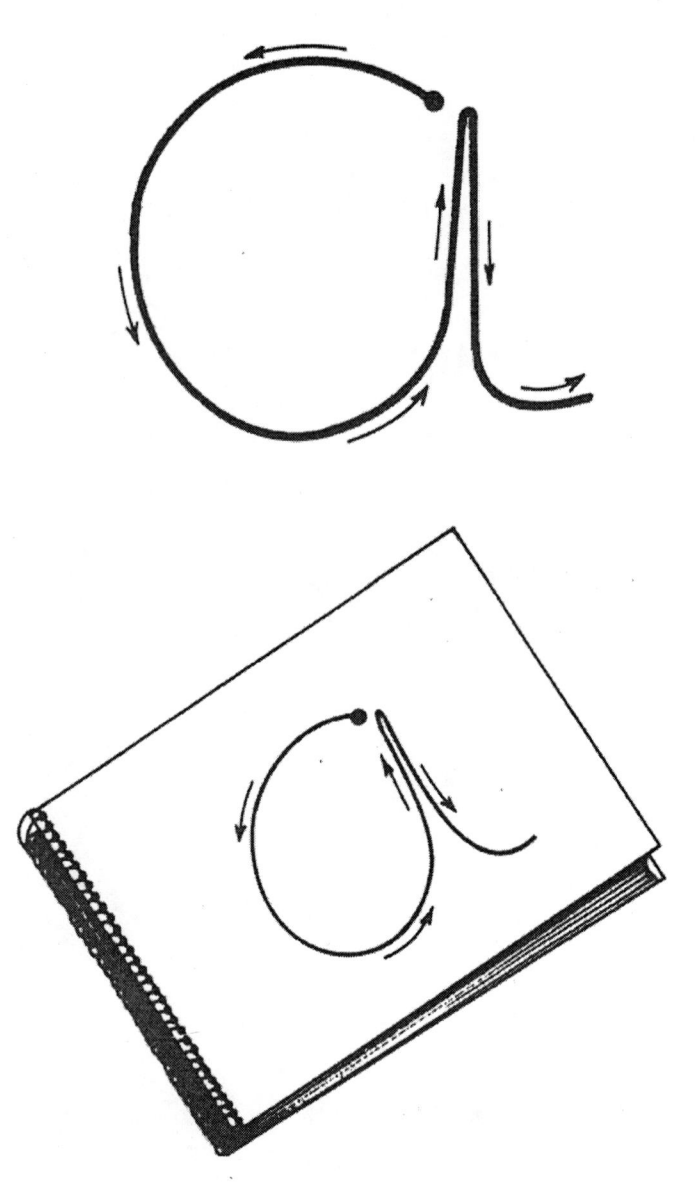

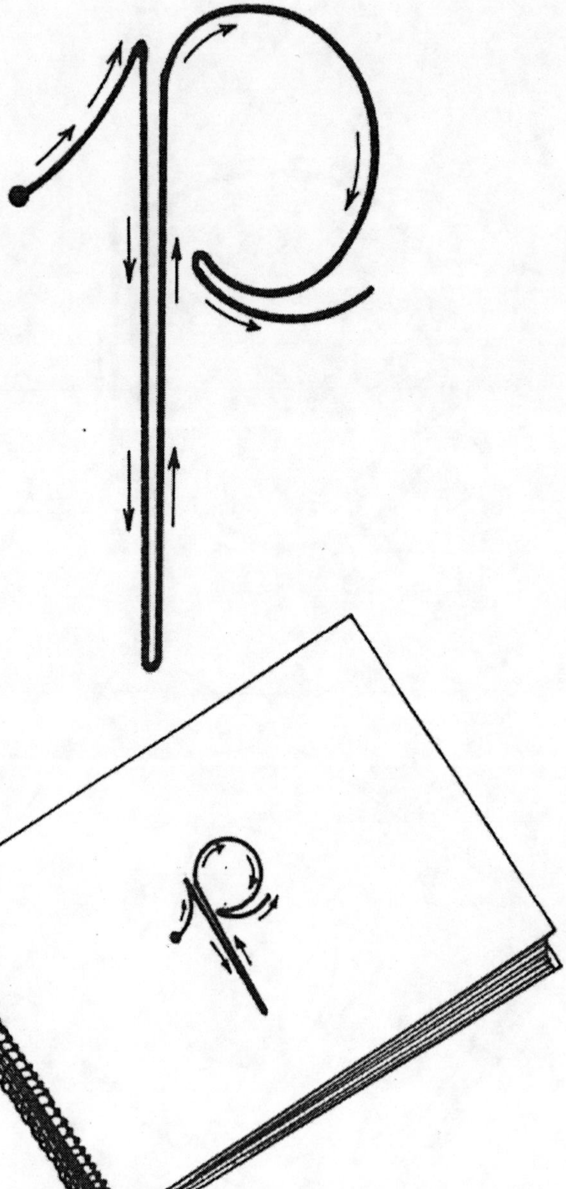

# MATEMÁTICA PARA O ALUNO COM DEFICIÊNCIA INTELECTUAL

MARIA DA PIEDADE RESENDE DA COSTA

ISBN 978-85-290-0816-5

Na presente obra, a Autora apresenta uma programação de ensino que foi submetida à pesquisa, por muitos anos, e mostrou-se como uma eficiente opção para o ensino da iniciação matemática para o aluno com deficiência intelectual, ou déficit cognitivo. Tem como objetivo familiarizá-lo com quantidades observáveis na vida prática e, por meio de procedimentos adequados, favorecer o seu processo de análise/síntese, tão importante tanto para as aquisições da leitura/escrita como para a contagem dos números. A matemática ensinada para o aluno com deficiência intelectual pode ser chamada de "a ciência dos números sensíveis", ou seja, os números um, dois, três, quatro... devem ser tidos como "coisas" palpáveis antes que grafias abstratas dos numerais; a idéia do número deve preceder sempre o símbolo, assim como a criança primeiro fala as palavras antes de saber lê-las. Essas e outras contribuições apresentadas nesta Obra decorrem de constante prática da Autora no ensino com esse tipo de aluno. Prática que foi submetida a constantes avaliações, de modo que o método empregado pode ser considerado aprovado e recomendável para os que necessitam lidar com alunos com deficiência intelectual, principalmente professores, psicopedagogos e psicólogos.

# PREPARANDO A ALFABETIZAÇÃO 4ª EDIÇÃO
## SÉRGIO ANTONIO DA SILVA LEITE
ISBN 978-85-290-0950-6

Relata experiências realizadas por educadores da região de Mogi das Cruzes, no Estado de São Paulo, relacionadas com o desenvolvimento de comportamentos considerados pré- ou co--requisitos para o processo de Alfabetização. Os relatos são resultados de vários anos de pesquisas em escolas públicas, no final do século passado, onde foram planejados, aplicados e avaliados programas direcionados, principalmente, paras as crianças que apresentavam um ritmo inicial mais lento no processo de aprendizagem. No capítulo final, são apresentadas propostas de programas nas áreas de discriminação auditiva, visual, análise-síntese, coordenação motora e comportamento verbal, que podem ser desenvolvidos na educação infantil, com ênfase na fase inicial do processo de alfabetização. Uma obra que descreve experiências com resultados positivos e propõe alternativas que poderão ser úteis aos educadores que atuam nessa importante etapa que é a educação infantil e nas séries iniciais do ensino fundamental. Obra que reune pesquisa realizada com educadores em alunos para detectar funções e habilidades pré alfabetizadoras que gerou os testes IAR CADERNO DE RESPOSTAS e IAR MANUAL

**IAR - Instrumento para a avaliação do repertório básico para a alfabetização**
**CADERNO DE RESPOSTAS**

ISBN 978-85-290-0917-9

**IAR - Instrumento para a avaliação do repertório básico para a alfabetização**
**MANUAL DE APLICAÇÃO E AVALIAÇÃO**

ISBN 978-85-290-0953-7

# PASSO A PASSO, SEU CAMINHO
## MARGARIDA HOFMANN WINDHOLZ
## 3ª EDIÇÃO REVISTA E AMPLIADA
## ISBN 978-85-290-1046-5

É o primeiro Guia Curricular brasileiro escrito para e com crianças e jovens especiais, que resultou de 15 anos de pesquisas em uma escola de Educação Especial, bem como em outras instituições e clínicas psicológicas. Está redigido de modo essencialmente didático e pode ser aplicado também a pessoas que não tenham limitações.

Ele é o retrato vivo do esforço conjunto de muitas pessoas, que acreditaram na ideia de que: é a cada passo, por menor de seja, que se constrói um caminho.

Seu objetivo é oferecer a profissionais da área de educação e reabilitação, professores, atendentes, psicólogos, fonoaudiólogos, fisioterapeutas, terapeutas ocupacionais e, até mais importante, a pais, uma orientação sistemática para a instalação de habilidades básicas essenciais, para tornar a pessoa especial independente e competente na realização de certas tarefas rotineiras, ocupacionais ou até mesmo, quando possível, acadêmicas, ocupacionais e esportivas.

Três capítulos introdutórios ajudam o leitor a familiarizar-se com a proposta. O primeiro capítulo se propõe responder às perguntas: o que, como, onde, quando e por que ensinar e define a população a que se destina. O segundo capítulo apresenta os programas e seus tópicos principais. O terceiro discute alguns princípios de Análise Comportamental e o procedimento de coleta e análise de dados.

Tais princípios valem não apenas para a lista dos programas nele apresentados, como servem de guia para criar um sem-número de programas curriculares, ocupacionais, acadêmicos ou mesmo esportivos. Nesse sentido é um Guia em aberto, que poderá ser constantemente ampliado. Seu formato favorece que novos conjuntos de habilidades sejam a ele acrescentados, seja pelas descobertas na prática de atuação de pais, professores e profissionais, seja por novas pesquisas e conhecimentos na área de Educação Especial.

O quarto capítulo é um Guia Curricular completo, minuciosamente detalhado. Seus 18 programas permitem a aprendizagem de habilidades fundamentais para o desenvolvimento geral, emocional, social e cognitivo de crianças e jovens, especiais ou não. É principalmente útil para o ensino de crianças e jovens com defasagem ou distúrbio de desenvolvimento ou com problemas orgânicos limitadores.

A crença firme da autora de que todo indivíduo tem o direito e a capacidade de aprender, desde que lhe sejam dadas condições adequadas para tanto, permeia todo o Guia Curricular.